미래의 초석, 네덜란드 교육

Netherlands: Foundations for the Future
(Reviews of National Policies for Education)

Originally published by the OECD in English under the title:

Netherlands 2016: Foundations for the Future

© 2016, Organisation for Economic Co-operation and Development(OECD), Paris.

© 2017 HanulMPlus Inc. for this Korean edition.

이 도서의 국립중앙도서관 출판예정도서목록(CIP)은 서지정보유통지원시스템 홈페이지
(http://seoji.nl.go.kr)와 국가자료공동목록시스템(http://www.nl.go.kr/kolisnet)에서
이용하실 수 있습니다. (CIP제어번호 : CIP2017004753)

미래의 초석, 네덜란드 교육

OECD가 분석한 네덜란드 교육정책의 강점과 개선 방안

OECD 지음
박동철 옮김

Netherlands: Foundations for the Future
(Reviews of National Policies for Education)

일러두기

〈내용에 대해〉

- 이 책의 출판 책임은 OECD 사무총장에게 있으며, 이 책에서 표현·인용된 의견과 주장이 반드시 OECD 회원국들의 공식 견해를 반영하는 것은 아니다.
- 이 책의 내용과 지도는 특정 영토의 지위나 주권, 국경과 국제 영역의 경계 설정, 영토·도시·지역의 명칭 등에 관한 편견을 배제한다.
- 이스라엘과 관련된 통계자료는 이스라엘 정부 당국이 책임지고 제공했다. OECD는 이 자료를 사용하면서 골란고원, 동예루살렘, 서안지구 이스라엘 정착촌의 국제법상 지위에 관한 편견을 배제했다.

〈편집 방식에 대해〉

- 이 책은 원서인 OECD 보고서 형태를 그대로 따랐다. 첫 부분의 '핵심 요약'과 '평가 및 권고'는 보고서를 두 가지 버전으로 짧게 정리한 것으로 내용이 다소 겹칠 수 있으나 핵심을 파악하기에는 유용하다.
- 네덜란드 교육 시스템을 설명하는 20여 개 고유명사를 226쪽에 따로 정리했다.

Contents

추천의 글

　　네덜란드가 유럽에서 가장 혁신적인 국가로서 정체성을 확립하게 된 배경에는 17세기 황금시대의 도래를 계기로 무역을 비롯한 사회 전반적인 시스템을 견고하게 구축한 것이 있다. 특히 상업에 종사했던 사람들은 문맹 퇴출과 산술 능력의 배양을 목표로 삼았던 당시의 교육풍토에 힘입어 자신의 교육 수준을 향상시킬 수 있었고, 천문이나 과학기술 영역도 실용적인 가치를 중시하면서 경제와 무역구조의 혁신성을 높일 수 있었다. 특히 동인도회사나 서인도회사의 활동을 기반으로 글로벌 교역 기지가 된 암스테르담은 아테나이움 일루스트레(Athenaeum Illustre)라는 고등교육기관을 설립했으며 일찍이 '메르카토르 사피엔스(Mercator Sapiens)'라는 독특한 교육철학을 기본이념으로 한 '지와 덕의 합체', '과학기술의 상용화'를 통해 자신들이 꿈꾸는 사회를 실현하려 했다.[1] 오늘날에도 이러한 교육 이념의 명맥이 네덜란드의 학교정책에 그대로 계승되고 있기에, 제4차 산업혁명으로의 이행이 가속화되는 지금도 그 진면목을 인정받는 것이다.

이 책은 네덜란드에서 실행되는 교육정책의 로드맵을 균형 있게 소개하고, 각 단계별 교육에서 목표로 하는 내용을 정리해 보여준다. 학생들의 창의성 계발이 시급한 과제로 부상한 한국 교육정책에 네덜란드의 실용적인 교육풍토는 많은 배울 점들을 시사한다. 그 예들로 네덜란드 중앙정부가 초·중등교육 기관의 최적화된 교과학습을 위해 핵심 전략을 제시하고, 학생들을 다양한 진로로 이끌기 위해 각 단계별 학교교육의 질을 향상시킨 것을 들 수 있다.

일전에 한울엠플러스에서 출간된 『공교육 천국 네덜란드』를 통해 네덜란드 교육이 한국의 현실과 얼마나 다른지 소개되었고, 독자들의 많은 공감을 얻은 바 있다. 그 관심에 부응하는 형태로 번역 출간되는 이 책 또한, 교육정책에 관여하는 기관이나 연구자들의 폭넓은 지지를 얻을 수 있을 것이다.

네덜란드 고등교육기관을 홍보하기 위해 2008년에 서울에 설립된 네덜란드교육진흥원도 한국 교육의 백년지대계를 책임질 연구와 행정에 큰 영향을 미칠 이 공신력 있는 보고서의 한국어판 출간을

---

1   아테나이움 일루스트레(Illustrious School의 라틴어)는 1632년 1월에 당시 암스테르담의 시정에 참여했던 유복하고 덕망 있는 상인들 무리의 지도자들이 설립한 기관이다. 초대교수로는 국제적으로 저명했던 헤라르두스 보시우스(Gerardus Vossius)와 카스파르 바르라이우스(Caspar Barlaeus)가 임명되었고, '메르카토르 사피엔스'(현명한 상인)는 바르라이우스가 개교 기념 연설에서 학교의 설립 이념을 상징적으로 표현한 것으로 잘 알려져 있다.

적극적으로 환영하는 바이다. 이 책이 무의미한 경쟁만을 부추기는 한국 교육의 폐해를 짚어보고 그 해결책을 찾는 데 지침서로 활용되어서 네덜란드 사회가 자신들의 미래를 건 교육정책에 어떠한 철학을 담고 있는지 널리 알려졌으면 하는 바람이다. 작지만 많은 기회를 주는 나라, 개개인의 능력을 육성하며 국가 경쟁력의 다양성을 지향하는 나라 네덜란드. 이 나라 국가 정책의 핵심이라 할 수 있는 교육 분야에 일찌감치 관심을 보여준 한울엠플러스의 김종수 대표님을 비롯해 박행웅 고문님께 감사드리며, 정제된 언어들을 골라 적확하게 번역해주신 박동철 선생님께 깊은 감사를 드린다. 이 책에서 제시되는 학교의 역할과 교육의 질적 전환을 위한 방침들을 놓고 한국 사회에서도 활발한 논의와 개혁이 이루어지길 기대하는 바이다.

2017년 3월
네덜란드교육진흥원 원장
양정윤

옮긴이의 말

"신은 세상을 만들었고, 네덜란드인은 네덜란드를 만들었다(God created the world but the Dutch created the Netherands)."

OECD(경제협력개발기구)는 선진국을 중심으로 세계의 주요 경제 주체가 참여해 대내외 경제정책을 논의하고 조정하는 정부 간 포럼이다. 정책적 대화와 논의가 OECD의 중심 활동이지만 방대한 전문 인력과 자원을 활용해 연구하고 조사하기도 한다. 이에 따라 국가별·분야별 정책 검토 활동을 정기적으로 수행하고 그 결과를 발표한다. 이 책은 이러한 맥락에서 발간된 보고서로서 교육 선진국 네덜란드의 교육 시스템과 정책을 검토하고 개선 방안을 권고한다.

네덜란드에서는 초등학교 졸업과 동시에 성적에 따라 장래의 직업적 진로와 진학할 학교를 일차적으로 정한다. 한국과는 매우 다른 시스템이지만 성과와 비용 부담 면에서 우리에게 시사하는 바가 크다. 예컨대 한국은 인구 감소와 고령화라는 구조적 위기에 대응해 네덜란드의 조기아동교육처럼 초등학교 입학 연령을 1년 낮추는 방안을 생각해볼 수 있다. 교육의 품질(탁월성과 공평성)을 강조하고 사교육이 없는 네덜란드 시스템은 한국의 교육개혁 방향에도 제시하는 바가 크다.

이 책의 제목처럼 교육은 미래의 초석이다. 한국의 비교 우위가 인적자원에 있는 만큼 우리의 미래도 교육입국에 있다.

2017년 3월
박동철

서문

OECD 회원국들 가운데 최고의 성과를 내는 교육 시스템을 살펴보면 하나같이 탁월성과 공평성을 겸비하고 있음을 알 수 있다. 그중 네덜란드는 OECD 국제학력평가 프로그램(PISA)과 OECD 국제성인역량평가 프로그램(PIAAC)의 산물인 성인기량조사에서 상당히 높은 평균 성적을 받았으며 낮은 성적자가 거의 없다는 점에서 탁월한 교육 시스템을 가지고 있다고 할 수 있다. 교육 품질을 더욱 향상시키려는 네덜란드의 의지는 각급 수준의 교육 시스템뿐만 아니라 그 너머에서도 찾아볼 수 있다. 그중 분권화된 시스템은 혁신적 교육 실무를 고무하고 중앙정부가 증거 기반의 정책결정을 폭넓게 도입하도록 촉진한다. 이러한 분권화와 효과적인 균형을 이루는 것이 강력한 책임 메커니즘이다.

그러나 네덜란드의 교육정책에도 풀어야 할 과제들이 일부 존재한다. 네덜란드 교육 시스템의 강점을 변화하는 사회와 노동시장의 요구에 맞추어 더욱 유지, 발전시킬 필요가 있다. 네덜란드는 조기 진로 결정 시스템과 복수 진로 시스템을 오랫동안 성공적으로 운영해왔으나 공평성이 점차 떨어지고 진로 배치의 경직성이 늘어나면서 부담이 가중되었다. 전반적으로 높은 기준에 비추어볼 때 학습 의욕이 다소 떨어졌으며 최상위 성적자 수가 매우 적다.

　　이 검토 보고서의 목적은 네덜란드 교육 시스템의 강점을 유지, 강화할 뿐만 아니라 교육 시스템의 품질과 공평성을 더욱 제고하는 데 있다. 또한 이러한 프로젝트의 일부로서 높은 성과를 내고 빠르게 발전하는 네덜란드의 교육 시스템을 OECD가 수행하는 조사와 분석에 입각해 살펴봄으로써 핵심 교훈을 도출한다.

　　네덜란드는 탁월성과 공평성, 혁신을 추구하는 나라로 전 세계에 알려져 있다. 네덜란드가 교육 시스템의 품질과 성과를 더욱 야심차게 제고하며 경제적·사회적 성장에 기여하는 교육과 학력(學力)의 역할을 강화하는 데 이 보고서가 도움이 되기를 바란다. 우리 OECD는 이러한 도전에 맞서는 네덜란드를 도울 것이다.

Andreas Schleicher
안드레아스 슐라이허
OECD 교육·학력국장 겸 교육정책 담당 사무총장

감사의 말

OECD는 이 검토 작업을 지원해준 네덜란드 교육문화과학부(MoECS)에 감사를 표한다. 특히 아네마리 시프케스, 룰 판 마를러, 마르크 판 데어 슈테흐, 미셸 림 그리고 멜라니 몽프랑스에게 감사한다. 또한 OECD와 검토 팀은 이 작업에 영감을 주고 중요한 역할을 도맡아준 한스 슈테허만에게 특별한 감사를 드린다.

그 밖에도 하리 판 달렌, 야프 드롱커스, 마이클 풀란, 에딧 호헤, 파울 레제만, 클라스 판 페인, 시츠커 바슬란더, 카렌 반 데어 빌, 잉어 드 볼프에게 특별한 사의를 표한다. 이들은 검토 팀원들에게 많은 시간을 할애하면서 네덜란드 교육 시스템에 관한 조언을 아끼지 않았다.

이 보고서를 집필하는 데 사이먼 필드, 마르코 콜스, 티야나 프로키치브로이어, 마치에이 야쿠보우스키(외부 전문가) 등이 참여했으며, 특히 OECD 내에서 검토 작업에 아주 소중한 조언과 지원을 아끼지 않으며 도움을 준 이들은 안드레아스 슐라이허, 몬세라트 고멘디오, 리처드 옐런, 디르크 판 다머, 데이비드 이스턴스, 알폰소 에차사라, 안나 밀레스키, 마리오 피아첸티, 이네케 리첸스, 마리아 우에르타, 아르노 엥헬, 히로코 이케사코, 데니스 가이유 리마 라이스 에스테베스 등이다. 행정 지원을 제공한 레이철 린든과 보고서를 편집한 리즈 자카리, 그리고 출판 과정을 담당한 셀리아 브라가 시치와 마농 티보에게도 감사를 표한다.

핵심 요약

네덜란드 교육 시스템의 강점

OECD 국제학력평가 프로그램(PISA)과 OECD 국제성인역량평가 프로그램(PIAAC)의 산물인 성인기량조사로 판단해볼 때, 네덜란드의 교육 시스템은 OECD 내에서도 가히 최고 수준이다. 또한 성적불량자 비율이 매우 낮다는 점에서 공평하기까지 하다. 동아시아의 교육 강국인 한국과 일본처럼 네덜란드의 학교 시스템도 10대의 허약한 기초학력을 충분히 효과적으로 최소화하고 있으며, 기초학력도 평균적으로 매우 우수하다. 튼튼한 직업교육과 훈련시스템이 이를 보완하면서 노동시장에서 높은 성과를 내고 있다. 학교 시스템을 떠받치는 요소는 ① 국가시험제도와 강력한 교육감독청이 균형을 이룬 고도의 분권화, ② 불우 학생을 지원하는 학교 재정, ③ 실험과 혁신, ④ 훌륭한 데이터와 연구이다. 그리고 강력한 관련 중간기관들이 활발한 연구와 정책 토론회를 연다. 그러나 네덜란드 교육 시스템에도 약간의 도전 과제들이 남아 있어서 네덜란드는 이를 보완해 탁월성을 더욱 제고할 방법을 모색하고 있다.

과제 및 권고

조기아동교육·돌봄의 품질을 높여라

조기아동교육·돌봄(ECEC)은 불우 아동에게 특히 더 폭넓은 혜택을 줄 수 있다. 따라서 교과과정 틀을 개발하고 조기아동교육·돌봄 직원들의 자격과 훈련을 개선하고 표준화함으로써 일반적인 조기아동교육·돌봄 서비스의 품질을 높여야 한다. 또한 동시에 네덜란드가 조기아동교육·돌봄 공급에 좀 더 통합적인 접근법을 취해야 한다.

최초의 학교 선택과 후속 진로 변경을 개혁하라

조기에 진로를 결정하는 시스템에도 불구하고 네덜란드의 학업 성과는 평균적으로 양호한 편이며 공평성 면에서도 뛰어나다. 그러나 각 진로의 성적 편차가 큰 것이 문제이기에 네덜란드는 개혁 활동의 일환으로서 조기 진로 결정의 범위를 줄이는 방안을 고려해야 한다. 객관적 국가시험에 입각해 학생의 진로 결정권을 보장하는 것도 하나의 방법이다. 이때 학교는 학생을 진로별로 배치해서 그 진로를 유지하도록 할 때 국가시험 기준을 따라야 한다. 이는 재학 중 학생들의 상향 진로 이동을 용이하게 할 것이다.

학업의욕을 고취하고 탁월성에 대해 보상하라

15세 기초학력 부분에서 최고 성적을 받은 학생의 수는 네덜란드가 대다수 유럽 국가와 비교했을 때 더 많은 편이지만, 일부 아시아 국가에 비하면 낮다. 즉, 일부 유망주들이 잠재력을 최대한 발휘하지 못하고 있는 것이다. 이러한 과제에 대처하기 위해서는 개인의 학습 필요(needs)에 대응할 수 있도록 교사 역량을 제고하고, 각급 교육에 진로 승급 기회를 제공해 탁월성에 대한 보상을 강화해야 한다. 또한 해당 교과과정 내내 기대치를 높게 설정해야 하며, 학생들의 능력을 배양하고 의욕을 고취하도록 부모의 교육 참여를 촉진해야 한다.

교사의 전문성을 높이고 커리어 구조를 개선하라

생애주기 접근법에 따라 교사를 처음부터 효과적으로 선발하고, 오리엔테이션을 의무적으로 실시하며 교내외에서 협동 근무·학습을 실행하면서 교사의 전문성을 유지 및 발전시켜야 한다. 교사의 커리어 구조 면에서는 더 많은 개선이 필요하다. 보수를 인상하고 명확한 능력 기준에 따라 커리어를 다양화해야 하며, 전문성 개발 및 학교 발전 목표와 고과를 효과적으로 연계시켜야 한다. 또한 교습 기량을 차별화하는 데도 지속적인 관심을 기울여야 한다.

전문적인 협동과 지속적인 개선 문화를 촉진하는 리더십 전략을 개발하라

분권화된 네덜란드 학교 시스템에서는 학교 리더십의 품질이 대단히 중요하다. 이에 따라 네덜란드는 학교 지도자·교사·학교 이사회 간의 협동과 지속적인 개선 문화를 촉진하는 리더십 전략을 개발할 필요가 있다. 먼저, 학교 지도자들을 위해 양질의 오리엔테이션 과정과 멘토링을 제공하는 의무적인 국가 오리엔테이션 프로그램을 만들어야 하며, 모든 학교 지도자를 대상으로 연례 평가를 실시하고 학교 목표에 맞춘 자기 개발 계획도 세워야 한다. 또한 학교 지도자와 지도부는 학교 내 자체 평가를 실시해 학습 조직으로서의 목표를 발전시키는 역량을 지속적으로 키워나가야 한다.

학교 이사회의 책임성과 역량을 제고하고 권한을 재조정하라

네덜란드에서 학교 이사회는 핵심적 거버넌스(공동의 문제를 집단적으로 관리한다는 의미에서—옮긴이) 역할을 담당하지만, 책임 구조가 허술하고 때때로 이사회의 역량 문제가 제기되기도 한다. 학교 이사회는 업무를 좀 더 투명하게 처리해야 하며 이의 제기가 가능하도록 활동 내역을 공개해야 한다. 또한 학교 이사회의 전략적 리더십 역량과 전문성을 체계적으로 제고해나가야 하고, 학교 이사회의 권한을 재조정해서 학교 지도자에게 더 많은 권한을 주어야 한다.

평가 및 권고

네덜란드 교육 시스템의 강점

네덜란드 교육 시스템은 여러모로 군계일학이다

네덜란드의 학교들은 정부가 광범위하게 설정한 한도 내에서 포괄적인 재량권을 행사한다. 국정 교육과정이 따로 없고 좀 더 '종합적인' 시스템이 있는 것과는 대조적으로 네덜란드의 학생들은 12살 무렵에 '진로를 결정'한다. 이렇게 일찍 진로가 결정될 수 있는 것은 고용주와의 연계와 이중 도제제도가 잘되어 있고 튼튼한 직업교육·훈련 시스템이 큰 역할을 하기 때문이다. 네덜란드는 OECD 내에서도 미취업자나 교육, 직업훈련 등을 받지 않는 청년 니트(NEET)족이 가장 적은 편이며 읽고 쓰기, 산술 능력에서 평균적으로 우수한 성과를 내는 동아시아의 교육 강국인 한국과 일본처럼 10대의 허약한 기초학력을 학교 시스템이 효과적으로 최소화한다. 대부분의 유럽 국가와 비교했을 때 가히 월등한 수준이다. 냉정하고 정확한 평가와 자기 비판, 끊임없는 향상 욕구가 교육 시스템을 번성하게 만드는 요소라 할 수 있는데, 네덜란드는 이 요소들을 모두 갖추고 있다. 네덜란드의 교육 시스템을 떠받치는 지주는 ① 국가시험, 권위 있는 교육감독청 등 견고한 책임 체제가 균형을 이룬 고도의 분권화, ② 불우 학생을 지원하는 학교 재정, ③ 실험과 혁신, ④ 훌륭한 데이터와 연구이다. 힘 있는 관련 중간기관들이 연구와 정책 토론을 활발히 하는 것도 큰 기여를 한다.

약간의 도전 과제가 남아 있으며 네덜란드는 탁월성을 더욱 제고하고 싶어 한다

잘 작동하는 제도를 급격하게 개편하는 데에는 항상 위험이 따른다. 따라서 네덜란드는 충분한 검토를 거쳐 개혁을 추진하되 예상치 못한 부작용을 잘 관찰해 긍정적인 결과를 얻을 수 있도록 세심한 정책 평가를 병행해야 한다. 이러한 배경에서 조기아동교육부터 중등교육까지 교육 시스템의 강점과 과제를 식별하고 추가적인 개선을 위한 정책을 권고할 것이다.

과제 및 권고

조기아동교육·돌봄의 교육적 품질을 높여라

조기아동교육·돌봄(ECEC)은 특히 불우 아동에게 폭넓은 혜택을 줄 수 있다. 특별 프로그램을 통해 불우 아동을 지원하며, 맞벌이 부모의 요구에는 대개 좀 다른 방식으로 대응한다. ECEC 공공지출은 저수준을 벗어났으나 부모가 부담하는 보육 서비스 비용은 OECD 평균 이상이다. 등록률은 높지만 대부분의 부모가 주당 몇 시간만 보육 시설을 이용할 뿐이다. ECEC의 품질이 높을수록 아이들에게 유익한 영향을 줄 수 있는데, 네덜란드의 ECEC 품질에는 다소 문제가 있다. 바로 ECEC 직원의 자격 수준을 제고할 수는 있지만 유아 및 초등 저학년 교육(VVE) 외에는 불우 아동을 위한 ECEC 교육과정이 없다는 점이다.

권고 1: ECEC 직원의 자격과 훈련을 개선하고 표준화하면서 교과과정 틀을 개발해 조기아동교육·돌봄의 교육적 품질을 제고하라. ECEC 공급에 좀 더 통합적인 접근법을 취하라.

최초의 학교 선택과 후속 진로 변경을 개혁하라

(초등학교 이후의) '조기' 진로 결정 시스템의 장점이 무엇인지에 대해 그간 폭넓은 논의가 있었지만 국제 비교연구를 통한 종합적 효과에 대해서는 증거가 불분명하다. 또한 각국의 다양한 실태 연구를 보아도 마찬가지로 엇갈리는 결과가 나온다. 진로를 조기에 결정하는데도 불구하고 네덜란드의 학업 성과는 평균적으로 양호하다. 또한 공평성 면에서도 그렇지만 각 진로 내의 성적 편차가 큰 것은 문제점

으로 꼽힌다.

먼저 진로를 결정하는 기준이 매우 가변적이라는 점이 큰 문제로 지적된다. 이것의 원인으로는 진로 배정을 위한 시험이 다른 용도로도 쓰인다는 점과 교사 추천에 일관성이 없다는 점, 학교마다 환경에 따라 선택 기준을 자유롭게 바꾼다는 점 등이 있다. 최근 교사 평가를 더욱 중시하는 형태로 개혁 조치가 이루어졌으나 이것이 선택의 일관성을 높이지는 못할 것이다.

처음에 진로 결정을 할 때부터 효과적으로 하는 것과 더불어 후속 교육에 대한 진로 변경 가능성도 요구되는데, 현재 이 과정을 방해하는 장애물들이 점점 늘고 있다. 진로 변경이 이루어지려면 차별화되고 탄탄한 교습 기량이 뒷받침되어야 하는데, 이런 자질을 갖춘 교사가 담당 학급 내에서 성적 우수자를 찾아내 상위 진로로 승급할 수 있도록 돕기 때문이다. (중등교육 과정의 학생 4분의 1이 유급하거나 하향 전학한다.)

권고 2: 개혁 활동의 일환으로 조기 진로 결정의 범위를 줄이는 방안을 고려하라.

권고 3: 객관적 국가시험에 입각해서 학생의 진로 결정권을 보장하고, 학교가 진로별로 학생을 선발한 후 후속 과정들을 제공할 때 국가시험 기준을 따르도록 요구하라.

권고 4: ① 재학 중 상향 진로 이동을 용이하게 하고, ② 일부 진로를 통합해서 모든 진로 간의 변경 가능성을 촉진하라.

학습 의욕을 고취하고 탁월한 성적에 대해 보상하라

높은 수준의 학력은 선진 네덜란드 경제를 위해 중요하다. 그러나 최상위 학생층이 취약하다는 우려가 점증하고 있다. 15세 기초 학력에서 최상위 성적자의 수는 네덜란드가 대부분의 유럽 국가보다 많지만 일부 아시아 국가보다는 적으며, 특히 수학 성적에서 뒤떨어진다. 전국적으로 조사한 결과 일부 최고 유망주 학생들의 잠재력이 발휘되지 못하는 것으로 나타났다. 반대로 네덜란드에서 고학력 성인의 비중은 다른 최상위 국가와 비슷했다.

여기서 최상위 학생들의 낮은 학습 의욕이 이슈가 될 수 있다. 이 학생들뿐만 아니라 네덜란드에는 학습 의욕이 높지 않은 학생들이 많으며, 최상위 학생들조차 문제 해결에 대한 인내심과 열린 자세가 결여된 경우가 있다. 학습 의욕을 고취하기란 좀처럼 쉽지 않다. 특히 네덜란드 학교 시스템은 학생이 탁월한 능력을 발휘하도록 장려하지 않는 분위기이며, 자녀 교육에 대한 학부모들의 참여도 다른 교육 선진국에 비해 떨어진다. 이에 대한 한 가지 해결책은 학생들에게 도전 의식과 학습 의욕을 북돋울 수 있는 차별화된 가르침을 제공하는 것이다. 학생들에게 심화 목적의 추가 수업을 제공하는 것도 하나의 방법이 될 수 있다.

권고 5: 학습 의욕과 탁월성을 높이기 위해 개인별 학습 요구에 잘 대응할 수 있도록 교사 역량을 키우고, 각급 교육에서 진로 승급의 기회를 제공함으로써 탁월한 성적에 대한 보상을 강화하라. 또 해당 교과과정 내내 기대치를 높게 설정하고 부모의 교육 참여를 촉진하라.

교직 전문성을 제고하고 커리어 구조를 개선하라

교사로서 전문성을 갖추려면 일생의 노력을 기울여야 한다. 현재 은퇴 연령에 가까운 교사들이 많기에 그들을 대체할 사람이 필요하다는 현실적인 과제가 있지만, 교단을 쇄신하고 업데이트할 수 있는 좋은 기회이기도 하다. 수준 높은 가르침이 이루어지려면 양질의 인력이 충원되어야 한다. 교사 또는 강사가 되기 위해 받아야 하는 교육의 내용이 좀 더 까다로워졌는데 아마도 이 과정에서 지나치게 까다롭거나 조심스러워진 부분이 있어서 그것이 새로운 인재채용의 어려움을 야기하는 것인지도 모른다. 까다로운 선별과정에서는 인식적인 기술보다 더 많은 신뢰가 필요하기 때문이다. 여전히 교사 훈련 기관과 학교 간의 협력이 불충분하고, 신임 교사를 위한 오리엔테이션 프로그램이 정례화·체계화되어 있지 않으며, 중등학교에서는 자격 미달인 교사가 가르치는 경우도 많다.

그러나 일부 장애물에도 불구하고 교사로 재직하면서 전문성 개발에 참여하는 정도는 일반적으로 높은 편이다. 아직 연례 교사 평가가 정착되지 않은 것이 사실이지만, 이보다도 대다수 교사가 비협동적인 문화 속에서 근무하고 배운다는 것이 더 큰 문제이다. 이는 학습 조직으로서 발돋움하려는 학교 의욕에 큰 장애물로 작용한다. 교사의 커리어 구조는 후진적이며 '복합 기능(functions mix; 교편 이외의 일을 겸직한다는 의미—옮긴이)'으로 인해 봉급 수준이 천차만별인데도 고급 인재를 교단으로 유치하기에는 매력적인 조건이 아니다. 또한 신참과 고참을 막론하고 대다수 교사들이 평가 기량과 차별화된 교습 기량을 갖추지 못하고 있다.

권고 6: 교사 전문성을 구축하려면 최초 선발 과정부터 효과적으로 시행하고 오리엔테이션을 의무적으로 실시하는 생애주기 접근법이 필요하다. 또한 교내외적으로 협동해서 근무하고 학습하는 것이 필요하다.

권고 7: 봉급 인상 제도를 갖추고 커리어 다양성을 촉진하는 교사 커리어 구조를 발전시키되, 명확한 능력 표준에 입각해 전문성을 개발하고 학교 발전 목표와 고과를 연계시켜라.

권고 8: 최초 훈련과 후속 전문성 개발 과정에서 차별화된 교습 기량을 더욱 지속적으로 강조하라.

원활한 협동과 개선의 지속성을 촉진하는 리더십 전략을 개발하라

분권화된 네덜란드 학교 시스템에서는 학교 리더십의 품질이 특히 더 중요한데도 불구하고 정작 정책적 관심을 그다지 받지 못했다. 초·중등교육을 위한 리더십 능력이 설정되기는 했으나 매우 추상적이고, 학교 지도자 봉급도 충분히 매력적이지 않으며, 대부분의 학교 지도자가 리더십 훈련을 받지만 신임 학교 지도자를 대상으로 한 오리엔테이션은 후진적인 수준이다. 학교 지도자는 학교를 학습 조직으로 변모시키는 데 핵심 역할을 담당한다. 따라서 학교 지도자는 데이터를 활용해 교사들을 효과적으로 평가하며 개선을 지속적으로 지향하는 협동 학습 문화를 촉진할 수 있어야 한다. 학교, 특히 저성과학교가 학습 조직으로 발전하려면 지원이 필요하다. 강력한 학교 지도자는 이러한 목표를 달성하기 위한 전제조건이다.

> 권고 9: 원활한 협동과 지속적인 개선 문화를 촉진하는 리더십 전략을 개발하되 다음의 요소를 포함시켜라.
> - 학교 지도자·교사·학교 이사회 간의 협동 촉진과 지속적인 개선 문화의 연계 발전
> - 학교 지도자를 위한 의무적 국가 오리엔테이션 프로그램을 통해 양질의 오리엔테이션과 멘토링 제공
> - 모든 학교 지도자에 대한 연례 평가 실시와 학교 목표에 따른 자기 개발 계획 수립
> - 학교 자체 평가를 수행할 수 있는 학교 지도자와 지도부의 역량을 지속적으로 구축하고 학교가 학습 조직으로 발전하도록 지원

학교 이사회의 책임과 역량을 제고하고 권한을 재조정하라

핵심적 거버넌스 역할을 담당하는 학교 이사회는 아주 다양한 형태를 띤다. 비교적 큰 학교 시스템을 운영하는 이사회가 있는가 하면 작은 초등학교를 운영하는 이사회도 있다. 대부분의 학교 이사회

가 교사와 학교 지도자를 평가하고 재정을 운용하며, 취약한 학교들의 문제에 대처하거나 전략적 개선 문화를 발전시키는 데 일부 역량 면에서 부족함을 겪는다. 또한 학교 이사회에는 민주적 책임성이 결여되어 있으며 다른 형태의 책임성도 비교적 허술하다. 그뿐만 아니라 이사회 구성원의 자격 요건이 모호한 경우가 허다하고 이사회 구성원에 대한 성과 평가와 이사회의 연례 보고도 정착되어 있지 않다.

> 권고 10: 학교 이사회가 업무를 더욱 투명하게 처리하고, 그 내에서 자유롭게 이의 제기를 할 수 있도록 활동 내역을 공개해 책임성을 대폭 높여라.
> 권고 11: 기존 계획에 입각해 학교 이사회의 전략적 리더십 역량을 체계적으로 제고하고 전문성을 개발하라. 학교 지도자에게 더 많은 권한을 부여해 학교 이사회의 권한을 재조정하라.

1

네덜란드의 교육 시스템

THE DUTCH EDUCATION SYSTEM

네덜란드의 교육 시스템은 뛰어난 성과를 낸다. 인지능력만 보아도 평균과 공평성 면에서 성과가 뛰어난데 이러한 성과는 고도의 분권화뿐만 아니라 학교 자율성을 일련의 강력한 책임 정책과 조화시킨 시스템에서 기인한다. 그러나 네덜란드 교육에도 도전 과제는 남아 있으며, 네덜란드도 이를 알고 마땅히 높은 목표를 추구한다. 폭넓은 조기아동교육·돌봄 시스템의 품질 면에서 해결해야 할 문제가 있으며, 가장 처음 진로를 선택할 때의 편차로 인해 완벽한 조기 진로 결정에 점차 어려움이 나타난다는 문제도 있다. 또한 학생들의 학습 의욕이 낮은 편이고 성적이 특출한 학생이 거의 없다. 다른 나라와 마찬가지로 교사와 학교 지도자의 자질이 교육 성과에 대단히 중요하지만, 아직까지는 집단적 학습이나 근무가 후진적인 상황이다. 학교 이사회가 책임을 지는 입장이 되어야 하지만 꼭 그렇지만도 않은 실정이다.

네덜란드 교육을 살펴봐야 하는 이유

네덜란드 교육 시스템은 여러모로 군계일학이다

정부가 폭넓게 설정한 한도 내에서 네덜란드의 학교는 광범위한 재량권을 누려왔으며 국정 교육과정이 따로 없다. 좀 더 '포괄적인' 형태의 다른 시스템과 대조적으로 학생들의 진로는 12살 무렵에 '결정'된다. 조기 진로 결정이 이루어지는 다른 나라와 비교해 개별 진로가 많은데, 여기에는 고용주 연계와 이중 도제제도의 효과적인 정비, 튼튼한 직업교육·훈련 시스템이 큰 역할을 한다. 또한 OECD 내에서도 네덜란드는 미취업자나 교육 또는 직업훈련을 받지 않는 청년 니트(NEET)족이 적은 편이다. 또한 읽고 쓰기와 산술 능력이 평균적으로 아주 우수하며, 교육 강국인 동아시아의 한국과 일본처럼 10대의 허약한 기초학력을 학교 시스템이 효과적으로 최소화해 대부분의 유럽 국가보다 월등한 수준이다. 냉정하고 정확한 평가와 자기비판, 그리고 끊임없는 향상 욕구가 교육 시스템을 번성시키는 요소들인데, 네덜란드는 이러한 요소들을 모두 잘 갖추고 있다. 교육 시스템을 떠받치는 지주는 국가시험제도와 강력한 교육감독청이 균형을 이룬 고도의 분권화와 불우 학생을 지원하는 학교 재정, 실험과 혁신, 훌륭한 데이터와 연구, 활발한 연구·정책 토론회를 여는 강력한 관련 중간기관 등이다. 그러나 일부 도전 과제들이 불가피하게 남아 있어서 네덜란드는 탁월성을 더욱 제고하기 위해 힘쓰고 있다.

OECD의 교육정책 검토 과정

OECD의 교육정책 검토는 해당 국가의 필요에 따른 맞춤형으로 이루어지며, 광범위한 주제와 하위 부문을 다루면서 교육 개선에 중점을 둔다. 또한 강점과 약점에 대한 심층 분석을 바탕으로 검토한다. 이 분석은 국제학력평가 프로그램(PISA) 등의 국제 비교 통계와 같이 다양한 가용 출처의 데이터를 사용해 연구하고, 해당 국가의 실무 방문을 포함한다. 또한 조사 대상인 교육정책과 실무 핵심 측면에 대한 전문가의 분석과 기준 국가·경제에 비추어본 정책 교훈 도출 등이 있다. OECD 교육정책 검토의 방법론적 목적은 효과적인 정책 입안과 시행을 위해 분석과 권고를 제공하는 데 있다.

전형적인 OECD 교육정책 검토는 5단계로 이루어지는데, 보통 검토 범위에 따라 8~12개월이 소요된다. 그 5단계는 ① 범위 결정, ② 탁상 검토(desk review) 및 해당 국가 1차 방문, ③ 2차 실무 방문, ④ 보고서 초안 작성, ⑤ 보고서 발표 순이다. 또한 OECD의 교육정책 검토는 보통 회원국과 비회원국의 국가적 요청에 따라 행해진다.

이 책은 네덜란드의 교육 시스템을 중등학교 과정까지 조사한 것을 바탕으로 한다

이 책은 유아기부터 중등교육 말까지 네덜란드 교육 시스템의 강점과 과제를 살펴보고 추가적 개선을 위한 정책을 권고한다. 검토를 위한 연구 계획서는 부록에 수록되어 있으며, 검토를 위해 OECD 팀이 2015년 7월과 9월에 네덜란드를 방문했다. 1장은 네덜란드 교육 시스템과 성과의 주요 특징을 서술하면서 다른 나라와 비교하고 제도의 강점을 평가하면서 결론을 내린다. 일부 두드러진 도전 과제들도 기록했다. 나머지 장에서는 이러한 도전 과제를 검토하고 정책을 권고한다.

네덜란드 교육 시스템의 개관

조기아동교육·돌봄(ECEC)을 폭넓게 이용할 수 있다

일반적인 ECEC는 4세 미만의 아동이 대상이며 어린이집에서 제공된다. 2013년의 조사 결과를 보면 2~3세 네덜란드 아동의 52%가 주당 하루 이상 어린이집을 다녔다. 유아원(pre-kindergarten), 즉 놀이방은 2.5~4세의 아동을 대상으로 하며 어린이집보다 더 공식적인 형태의 조기아동교육을 제공한다. 네덜란드 아동의 37%가 유아원을 다니며(CBS, 2016), 4세 미만 네덜란드 아동의 일부(약 9%)는 집에서 보모의 돌봄을 받는다. 불우 아동 및 네덜란드어 비사용 아동을 대상으로 한, 보조금을 지급하는 형태의 프로그램도 있다. 이는 2장에서 좀 더 상세하게 다룰 것이다.

의무교육은 5세부터 시작하지만 대부분의 아동이 4세에 초등학교에 입학한다

네덜란드의 의무교육은 5세에 시작하지만 실제로 대다수 아동(98%)이 4세부터 초등학교에 다닌다. 학생들은 16세부터 적어도 주당 이틀 이상 일정 형태의 교육을 받아야 하며 18세 이하의 모든 청소년은 기본 자격을 취득할 때까지 학교에 다녀야 한다. 기본 자격이란 일반중등교육(HAVO)과 예비대학교교육(VWO) 또는 상급중등직업교육(MBO)의 레벨2 졸업장이다(MoECS, 2016). 〈그림 1-1〉은 네덜란드 교육 시스템의 구조이다.

그림 1-1

2013년 네덜란드 교육 시스템의 구조

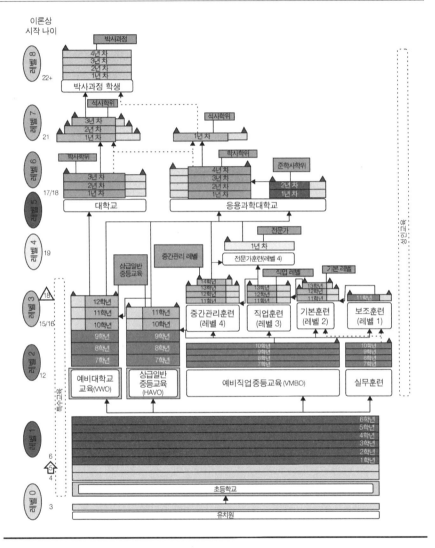

자료: OECD(n.d.).

미래의 초석, 네덜란드 교육

그림 1-2

2014년 초등교육 이후의 진로 추천(%)

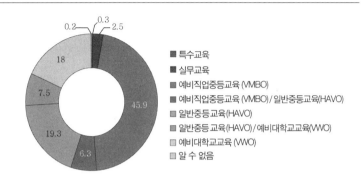

범례:
- 특수교육
- 실무교육
- 예비직업중등교육 (VMBO)
- 예비직업중등교육 (VMBO) / 일반중등교육(HAVO)
- 일반중등교육(HAVO)
- 일반중등교육(HAVO) / 예비대학교교육(VWO)
- 예비대학교교육 (VWO)
- 알 수 없음

자료: MoECS(2016).

8년의 초등교육 기간

네덜란드의 초등학교는 일반적으로 4~12세 아동을 대상으로 한다. 학교는 읽고 쓰기 및 산술 능력에 대해 국가가 정하는 취득 목표와 기준 레벨을 따르되 가르치는 내용과 방법을 자유롭게 결정한다. 초등교육을 마친 학생에게는 인지적 성취 수준과 잠재력이 나와 있는 성적표가 교부된다. 학생들은 초등학교 교사의 조언과 객관적인 초등학교 졸업 시험 결과에 따라 여러 유형의 중등교육기관에 진학한다(〈그림 1-2〉 참조). 최근 정책이 변경되면서 교사 조언의 비중이 더욱 커졌다.

세 가지 유형의 중등교육

초등학교를 졸업한 아동은 4년 기간의 예비직업(pre-vocational)

중등교육인 'VMBO'나 5년 기간의 일반중등교육인 'HAVO' 또는 6년 기간의 예비대학교(pre-university)교육인 'VWO'에 진학할 수 있다(MoECS, 2016). 다수의 유럽 국가(예컨대 독일, 벨기에 북부, 헝가리 등)와 마찬가지로 네덜란드 아동도 초등학교 마지막 학년에 진로를 결정한다. 그러나 네덜란드는 6~7개의 '조기' 진로가 있다는 점에서 대개 두세 개의 진로가 있는 다른 조기 진로 결정 국가와 다르다(〈그림 1-1〉 참조). 중등학교는 필요한 경우 1년차에 '가교 학급(bridge classes)'을 통해 진로 선택을 연기할 수 있는 재량권이 있으며 대부분의 중등학교가 이 단계에서 학생들을 우열반으로 나눈다.

12~16세를 대상으로 한 예비직업중등교육(VMBO)

이 프로그램에서 학생들은 MBO나 HAVO를 준비한다. VMBO에는 다음과 같이 선택 가능한 네 개의 공부 프로그램이 있다.

- 이론 프로그램(VMBO-t): MBO 또는 HAVO 4학년으로 진학하고 싶은 학생들에게 최적이다.
- 혼합 프로그램(VMBO-g): 이론 과목과 실무 과목을 혼합해 가르친다.
- 중간관리직업 프로그램(VMBO-k): (예컨대 프랜차이즈 음식점 매니저로서) 추가적인 직업훈련을 목표로 하는 학생들에게 맞춤형이다.
- 기본직업 프로그램(VMBO-b): 일반 교육과 실무 경험의 혼합이다.

대입 준비생을 위한 두 개의 중등교육 프로그램

12~17세의 학생들이 다니는 HAVO는 대개 응용과학대학교에

서 전문직 고등교육인 HBO를 받기 위한 준비 과정이다. 2015~2016 년에는 네덜란드 16세 학생의 28%가 HAVO에 등록했고, 16세 학생의 19%가 VWO에 등록했다(CBS, 2016). VWO를 졸업한 학생은 연구 대학교를 포함해 모든 대학교에 지원할 수 있다.[1] HAVO와 VWO 학생들은 제2단계 교육과정에서 네 개의 프로필, 즉 자연과 기술, 자연과 보건, 경제와 사회과학, 문화와 사회과학 가운데 하나를 선택한다(MoECS, 2016).

학구적 진로를 선택한 학생 중에는 빈곤·이민 가정 출신이 드물다

2005년 중등교육에 입학한 집단 중 4년 후(2008~2009년) VWO에 진학한 학생들을 분석해보니 부모 소득이 상위 4분의 1에 속한 아이들이 하위 4분의 1에 속한 아이들의 네 배였다. 이와 대조적으로 VMBO-b의 재학생을 보니 부모 소득이 하위 4분의 1에 속한 아이들이 상위 4분의 1에 속한 아이들의 다섯 배가 넘었다. 2010~2011년에는 비서방(non-Western) 소수인종 학생의 30%만 HAVO나 VWO에 등록했는데, 이는 네덜란드 토박이 인구의 약 50%가 등록한 것과 비교된다(MoECS, 2012).

---

1   김나지움(gymnasium)은 고전 언어인 그리스어와 라틴어 교육과정이 포함된 VWO 프로그램이다. 김나지움이란 용어는 김나지움 프로그램만을 제공하는 체육학교를 가리키기도 한다.

직업적 진로보다 학구적 진로를 택하는 학생 수가 늘고 있다

장기적으로는 직업적 진로에서 학구적 진로로 이동하는 추세가 나타났다. 1990~2011년 동안 VMBO을 받는 학생의 비율은 전체의 58%에서 39%로 감소한 반면, HAVO과 VWO의 비중은 32%에서 44%로 증가했다(MoECS, 2012).

취업이나 진학에 특화된 상급중등직업교육(MBO)

MBO 프로그램의 기간은 선택 자격에 따라 다르다. 이들 프로그램은 지역훈련원(ROCs), 농업훈련원(AOCs) 및 직업학교(vakscholen)에서 이수할 수 있다(〈표 1-1〉 참조). 자격에는 다음과 같은 네 개의 레벨이 있다.

- 레벨 1: 6개월~1년의 보조훈련을 마치면 '어시스텐트옵레이딩(assistentopleiding)' 졸업장이 주어진다.

- 레벨 2: 2~3년의 기본직업훈련을 마치면 '바시스베룹스옵레이딩(basisberoepsopleiding)' 졸업장이 주어진다.

- 레벨 3: 2~4년의 직업훈련을 마치면 '팍옵레이딩(vakopleiding)' 졸업장이 주어진다.

- 레벨 4: 약 4년의 관리훈련을 마치면 '미덴카데르옵레이딩(midden-kaderopleiding)' 졸업장이 주어지며 전문직 고등교육기관에 진학할 수 있다. 전문가훈련인 '스페시알리스텐옵레이딩(specialistenoplei-ding)'도 자격 레벨 4로서 1~2년이 걸리며, 그 전에 '팍옵레이딩(vakopleiding)'이나 '미덴카데르옵레이딩(middenkaderopleiding)'을 마

표 1-1

상급중등직업교육(MBO) 프로그램의 공부 분야와 레벨(2013년 등록학생 수)

공부 분야	레벨 1	레벨 2	레벨 3	레벨 4	합계
경제	2,642	44,519	47,870	82,473	177,504
기술	3,233	41,587	28,566	69,444	142,830
돌봄과 복지	1,294	25,756	58,461	88,845	174,356
농업·녹색	3,100	6,014	8,172	12,238	29,524
결합 과정	10,706	230	16	2,522	13,474
합계	20,975	118,106	143,085	255,522	537,688

자료: DUO(2013).

처야 한다(EP-Nuffic, 2015).

상급중등직업교육의 강력한 시스템을 구성하는 두 병행 구조

견습직 진로 과정(BBL)과 학교 기반 진로 과정(BOL)에는 둘 다 배움과 일하기가 결합되어 있다. 견습직 진로 과정에서 적어도 배움의 60%는 직장에서 이루어지며, 실제로 대부분의 견습직 프로그램이 하루의 공식적인 학교 수업과 4일간의 직장 훈련으로 이루어진다. 학교 기반 진로 과정은 직장 훈련을 적어도 20%, 대개는 30% 가량 포함한다(Vrieze, Van Kuijk & de Loo, 2009). 2012년에는 네덜란드 노동력 인구의 절반 이상이 직업적 자격을 보유했으나 독일, 오스트리아, 스위스 등(이들 나라도 이중견습직과 연계된 강력한 직업 시스템을 보유함)과 달리 직업교육을 적극적으로 옹호하지는 않는다(Fazekas & Litjens, 2014).

OECD의 직업교육과 훈련 검토에 따른 정책 권고

네덜란드의 상급중등직업교육·훈련(VET)과 중등교육 이후의 부문을 모두 살펴보고, 상급중등교육 레벨에 대해 다음과 같은 정책 권고를 도출했다.

• 중등교육 이후의 레벨을 포함해 네덜란드의 직업교육·훈련 시스템 전반에 걸쳐 견습직과 직장 기반 학습을 적극적으로 옹호·장려하라. 노사정의 시스템 지원이 지속되도록 사회적 당사자들과 개혁 협상을 추진하라.

• 산업 실무자들의 교사진 편입을 촉진하고, 기존 교사진의 정기적인 산업 배치를 통해 그들의 기량 갱신(updating)을 장려하라.

• 하급 중등교육 레벨인 예비직업교육 레벨 1과 2를 통합하고, 상급중등직업교육·훈련의 레벨 1 프로그램을 재조정해 레벨 2로 진입하는 데 더욱 효과적인 과정이 되도록 하라.

자료: Fazekas & Litjens(2014).

고등교육의 두 가지 형태

고등교육의 두 가지 형태는 첫째, 학사, 석사 및 박사 프로그램을 포함한 대학교의 연구중심고등교육(WO), 둘째, 주로 응용과학대학교에서 제공하고 전문직 학사(4년) 및 석사 프로그램(추가 2년)을 포함한 실무중심 프로그램인 전문직 고등교육(HBO)이다. HBO 프로그램은 노동시장에 직접 투입할 수 있는 기량과 지식을 강조한다.

거버넌스와 재정

의사 결정의 분권화와 결과에 대한 책임이 균형을 이룬 학교 시스템

OECD 회원국들의 학교 시스템은 교육 통제의 집중화 정도에 따라 아주 다양하다. 예를 들어 독일에서는 공무원인 교사를 중앙에서 채용해 각 학교에 배치하지만, 미국에서는 대개 소규모 학구 내에서 자체적으로 교사를 충원한다. 인적자원 외에 다른 자원에 관한 의사 결정도 중앙에서 이루어지거나 분권화될 수 있다. 교육정책 전문가들은 책임과 균형을 이룬 분권화를 널리 권장하는데, 이는 특히 공공서비스를 제공하는 현지 공급자에게 자원을 신축적으로 사용하도록 재량권을 부여하는 대신 좋은 결과를 내도록 책임 지우는 공공관리의 큰 추세와 맥을 같이하기 때문이다.

고도로 분권화된 네덜란드 학교 시스템

2011년 하급 중등 레벨에서는 주요 사항에 대해 학교가 전체 의사 결정의 86%(OECD 평균 41%와 비교됨)를 내리고 나머지 14%를 중앙정부가 내렸다. 교과편성, 인사관리 및 자원관리에 관해서는 학교가 100% 의사 결정을 내렸으나 기획과 구조에 관해서는 단지 43%만 내렸다(OECD, 2012)(〈그림 1-3〉 참조).[2] (국가시험은 있지만) 국정 교과과정

---

2   4대 의사 결정 영역에는 다음과 같은 분야가 포함된다. ① **교과편성**: 학생 입학, 학생 커리어, 수업 시간, 교과서 선택, 학습 소프트웨어 선택, 학급 편성, 추가적 학생 지원, 교수 방법, 일상적 학생 평가 등. ② **인사관리**: 교장 등 교직원 선임과 해임, 직원의 근무 조건과 의무, 직원 보수 수준, 직원 커리어에 영향을 미치는 사항 등. ③ **기획과 구조**: 학교 개학과 폐쇄, 학년 레벨의 신설과 폐지, 학습 프로그램 설계, 특정 학교의 학습 프로그램 선정, 특정 학교의 교과목 선택, 교과과정 내용의 정의, 자격증이나 졸업장 취득을 위한 자

그림 1-3
2011년 공립 중등교육에서 각급 정부가 취한 의사 결정의 비율(%)

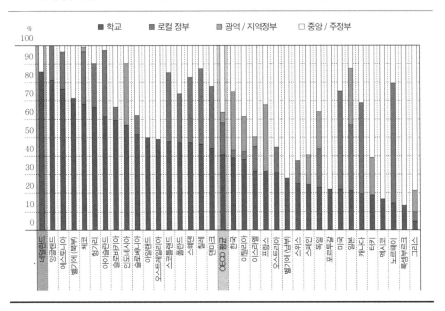

학교 수준의 의사결정 비율에 따라 내림차순으로 국가를 나열함.
자료: OECD(2012).

이 없기 때문에 무엇을 어떻게 가르칠 것인가에 관해서는 폭넓은 재
량이 허용되나 결론적으로는 시험을 통해 최종 평가를 받아야 한다.
1980년대 이후 네덜란드의 각 학교가 책임져야 하는 수준이 점차 높
아졌다(7장 참조). 학교의 자율성은 1917년부터 네덜란드 헌법에 보장

격시험 시행, 인증(시험 내용, 채점 및 행정) 등. ④ **자원관리**: 교직원용 자원
의 배분·사용, 자본과 운영비 지출, 교장·교사의 전문성 개발 등.

미래의 초석, 네덜란드 교육

된 '교육의 자유' 원칙에 근거하며, 이에 따라 누구든지 학교를 설립하고 교과를 편성할 수 있으며 가르침의 바탕이 되는 교육적·종교적·이념적 원칙을 결정할 수 있다. 또한 부모는 원칙적으로 자녀가 다니는 학교를 선택할 수 있다(12세 학생이 안내받는 학교에 따라 약간의 제약을 받는다). 다만 불균형한 학교 구성을 완화하기 위해 로컬 수준에서 통제를 가하거나 사회적으로 좀 더 다양한 학교를 육성하기 위해 학자금을 차등 지원한다(OECD, 2014a).

동등한 공적 자금을 받는 공립학교와 사립학교

2011년에는 네덜란드 초등학생의 약 3분의 1이 공립학교에, 다른 3분의 1은 가톨릭학교에, 4분의 1은 개신교학교에, 나머지는 다른 유형의 정부지원 사립학교에 다녔다(MoECS, 2012). 공립학교는 모든 학생에게 개방되어 있지만, 정부지원 사립학교는 학교 프로필이나 원칙에 동의하지 않는 부모의 자녀를 거부할 수 있다.

점차 중요해지는 학교이사회의 역할

'학교 이사회 제도'는 네덜란드 시스템이 가진 두드러진 특징이다(〈표 1-2〉 참조). 네덜란드는 학교에 많은 권한을 직접 주기보다 이사회에 부여함으로써 학교를 운영토록 한다. 학교 이사회는 학교의 법률과 규칙이 잘 이행되는지 감시하며 교직원을 채용하는 역할을 한다. 과거에 공립학교는 주로 지방정부의 지배를 받았지만, 점차 거버넌스가 독립적인 학교 이사회로 넘어갔다. 이사회를 구성하는 학교이

표 1-2

네덜란드의 학교 거버넌스 시스템 개관

당사자	역할 및 담당	개입 및 지원 목록
교육문화과학부 (MoECS)	학교교육의 전반적인 품질을 책임짐	• 국가정책 개발 • 품질 규범 개발 • 재정적 지원 방안 개발 • 재정 지원을 중단하거나 학교를 폐쇄할 권한
교육감독청	교육 감독: 품질, 재정, 사회보장, 시민권 등	• 감독 체제를 통해 학교를 평가하며, 2007년 이후부터 학교 이사회도 평가함 • 학교의 이사회·전문가들과 함께 절대적·상대적 성과를 토론하고 (매우) 취약한 학교를 교육문화과학부에 보고함 • 우수 학교를 발굴함 (www.excellentescholen.nl 참조) • 공적인 판단 보고서를 생산함
부문평의회, 즉 PO-Raad, VO-Raad, MBO-Raad	학교 이사회의 이익 대변	• 국가정책의 개발·시행 • 학교의 성과 제고를 지원함
로컬 정부 (교육 담당 시의원)	학교 건물의 소유주로서 그 유지를 책임짐	• 로컬 수준에서 재정 지원을 통해 학교교육의 질을 높임
학교 이사회	학교의 공식 구성원으로서 학교 법인과 교육 품질을 책임짐	• 조직의 비전과 구조를 정립함 • 학교 지도자·관리직과 기타 인원을 채용·전문화·해고함 • 후원자를 모집함 • 내부 품질을 모니터링함 • 학교의 조직·학습 문화를 결정함 • 교육 품질을 조종함 • 학교 예산을 변경함

내부 감독 평의회	교육의 중요성에 초점을 맞추어 감독하는 필수 기능을 담당함. 학교 이사회의 이사진을 고용하고 그 자문역으로서 의견을 제시함	• 교육에서 '좋은 거버넌스 강령'이 준수되도록 보장함 • 전략적 정책, 연례 보고서 및 회계의 승인 • 이사진의 임명, 해임 및 법적 지위와 보수 • 이사회와 이사진에 대한 연례 평가 • 학칙 개정 • 외부 감사 임명
(합동) 참여평의회	학교 운영에서 공동 의사결정 및 자문 역할을 맡으며, 학교 이사회가 복수의 학교로 구성된 경우에는 이사회 수준에서 이러한 기능을 수행함	• 정보 접근권, 다수의 학교 이사회 안건에 대해 동의하고 사전 협의할 권리
학교장	학교의 일상 업무 관리	• 직원 고용과 해고 • 팀 문화 형성 • 교사 또는 방법론에 투자함 • 학부모 접촉
교사	교실 내 교육의 품질을 책임짐	• 교실에 변화를 일으킴 • 학부모 접촉
학부모, 학생	교육 시스템의 고객으로서 일부는 학교 이사회에 공식적으로 참여하거나 학부모 평의회 대표가 됨	• 교육에 적극적으로 참여함 • 일상 활동을 지원함

자료: Van Twist et al.(2013)에서 인용.

사는 자원봉사자(사례비를 받는 비전문가)이거나 (봉급을 받는) 전문직 종사
자일 가능성이 있다. 네덜란드에서는 학교 이사회의 역할에 대해 활
발한 토론이 벌어지고 있는데 이 이슈는 7장에서 상세히 다룰 것이다.

총괄적인 책임을 지는 교육문화과학부(MoECS)

공공서비스 공급의 최적 형태는 상황에 따른 지방의 융통성과
중앙의 책임이 균형을 이룬 것으로 네덜란드에서 분명하게 나타난다.
네덜란드에서는 교육문화과학부가 입법을 발의하고 시스템의 구조와
재정을 결정하지만, 개별 학교에 개입하는 것은 실적 부진이 심각할
경우에 한한다. 네덜란드 정부(Dutch Government, 2011)는 교사 정책의
맥락에서 교육개혁의 책임 분배에 대해 다음과 같이 서술했다. "정책
조치의 목표('무엇을')는 정부가 수립하지만 그 목표를 추구하는 최선
의 방안('어떻게')은 현장이 결정한다." 교육문화과학부는 기준과 취득
목표를 설정하고 중앙시험을 주관함으로써 학교교육 시스템에 책임
을 지운다. 교육장관은 학교 감독의 범위를 책임지며, 이때 학교 감독
을 수행하는 독립된 감독청은 장관의 승인을 받은 연간 계획을 의회
에 제출한다.[3] 또한 교육감독청은 교육의 품질과 법적 규제 준수를
모두 감시한다.[4]

---

3   교육감독청과 교육문화과학부 간의 관계는 '2006년 교육감독에 관한
     규제'에 서술되어 있다. wetten.overheid.nl/BWBR0019615/geldigheidsda
     tum_07-12-2009.
4   교육감독청의 임무는 '2012년 교육감독법'에 규정되어 있다. wetten.

대규모 중간 구조를 형성한 학교 지원 단체들

일부 학교 지원 단체는 종교 교파에 따라 조직된다. 초등교육평의회(PO-raad), 중등교육평의회(VO-raad) 및 네덜란드직업교육·훈련대학협회(MBO-raad)는 각 부문의 사용자(학교 이사회)를 대변하고 학교 지원 서비스를 제공한다. 그러한 서비스의 예로서 '나는 단체(flying brigades)' 팀은 교육감독청으로부터 취약하거나 불만족스럽게 운영된다고 평가받은 학교를 지원한다(Nusche et al., 2014).

평균적인 지출로도 양호한 결과를 내는 네덜란드

각국을 살펴보면 교육 지출과 성과 간의 연계가 기껏해야 미약한 정도임을 알 수 있다. 반면 네덜란드는 OECD 평균과 비슷하게 2012년 초·중등교육에만 GDP의 3.8%를 지출해 학생들의 양호한 성과를 이끌어냈다(OECD, 2015). 네덜란드는 교육기관에 대한 지출의 5분의 4 이상이 공공 출처에서 나오며(OECD 평균과 비슷하다), 학생 1인당 연간 지출을 보면 초등교육은 OECD 평균보다 낮은 8185달러이고, 중등교육은 평균보다 높은 1만 2296달러 수준이다(OECD, 2015).

교육 지출의 증가

2000년과 2012년 사이에 초등, 중등 및 중등 이후 비고등(post-secondary non-tertiary) 교육에 대한 지출이 GDP 대비 0.6%p 증가했다

---

overheid.nl/BWBR0013800/geldigheidsdatum_04-03-2014.

(OECD 평균은 0.2%p 증가). 2005년과 2012년 사이에 초등, 중등 및 중등 이후 비고등 교육에서 학생 등록은 1% 증가했지만 학생 1인당 지출은 13% 증가했다(OECD, 2015).

주로 학생 수에 따라 결정되는 재정 지원

학교 재정 지원 제도는 세 가지 유형으로 나뉜다. 첫 번째는 학교 재정 지원이 미국처럼, 그리고 어느 정도는 중국처럼 지방세원에 의존하는 유형이다. 이는 가난한 지역의 불우 학생들이 다니는 학교의 재원이 빈약하기 십상이라는 것을 의미한다. 두 번째는 학교 재정 지원을 아주 단순히 학생 수에 따라 결정하는 유형으로, 특별한 요구사항을 가진 학생들을 제외하고는 거의 조정되지 않는다. 이러한 방식이 적용되는 국가로는 헝가리가 있다. 세 번째는 1인당 재정 지원을 감안하면서도 좀 더 실질적으로 조정하는 유형이다. 이때 외딴 시골처럼 현지의 고비용 요인을 반영하는 경우도 더러 있지만 불우 학생들을 가르치기 위한 추가적 수요를 반영하는 경우가 더 흔하다. 네덜란드는 이 세 번째 유형에 속한다.

인건비와 운영비에 쓸 정액교부금을 받는 학교 이사회

학교 이사회는 학생 수에 기초해 정액 교부금을 받는다. 사회경제적으로 불우한 가정의 학생들이나 특수교육이 필요한 학생들 또는 기타 구체적 사유가 있는 학생들이 다니는 학교는 추가적인 재정 지원을 받을 수 있다. 또한 학교는 (자퇴 위험이 있는 학생을 위한 것과 같이)

구체적인 교육 목적을 위해 지자체로부터 추가적인 재정 지원을 받을 수 있다. 이 외에도 학부모나 기업의 자발적인 기부를 받아 학교 재정을 충당할 수 있다. 학부모는 자녀가 18세가 될 때까지 자녀 나이와 수에 따라 수당을 받으며, 지자체는 조기아동교육을 위해 부모 학력(學歷)과 학교 위치를 기초로 해 정부의 지자체 기금에서 교부금을 받는다.

네덜란드 교육 시스템의 성과: 품질과 공평성

교육상의 성취와 참여

OECD 평균과 비슷한 성취율

2014년 25~64세 네덜란드 성인의 76%가 적어도 상급중등교육을 마쳤으며 25~34세 중에서는 85%가 적어도 상급중등교육을 성취했고 44%가 고등교육을 마쳤다(OECD, 2015). 오래전부터 성취율은 교육 시스템의 성공을 가늠하는 핵심 지표로 간주되어왔다. 그러나 성취했는지의 여부는 주로 학생들이 교실에 앉아 보내는 시간을 기준으로 측정되었으며, 학생들이 그 시간에 유용한 것을 배웠는지 여부를 테스트할 수 있는 국가별 수단은 거의 없었다. 그 예외가 있다면 OECD의 국제성인역량평가 프로그램(PIAAC)의 산물인 성인기량조사와 같이 기본 기량에 중점을 둔 조사 방안이다. 그러나 이러한 조사 방안에 따르면, 읽고 쓰기·산술 기량과 성취 사이의 관계는 다소 미약하다. 따라서 오늘날 선진국과 신흥국에서는 양보다 질을 강조하는 추세다.

세계 최고 수준인 네덜란드 학생의 인지력

2012년 국제학력평가 프로그램(PISA) 결과를 보면, 네덜란드는 65개 참가국 가운데 수학에서 평균 523점으로 10위를 기록했고, 읽기에서 15위(511점), 과학에서 14위(522점)를 기록했다(OECD, 2014b). 초등학교 수준에서는 2011년 국제읽기능력평가(PIRLS)에 참가한 49개국 가운데 13위를 차지했고 국제 평균(500점)보다 46점이 높았다. 네덜란드보다 훨씬 더 높은 점수를 획득한 국가는 9개국에 불과했다. 국제수학·과학성취도평가(TIMSS)에서 네덜란드를 월등히 앞선 국가는 7개국밖에 없었다(Meelissen et al., 2012).

2003년 PISA 이후 하락한 성적

2003년과 2012년 사이에 네덜란드의 PISA 수학시험 점수는 1년에 1.6점씩 떨어졌다. 이러한 하락은 여러 교육 진로 과정에 두루 나타났으며 모든 참가국 가운데 최대 낙폭에 속했다. 초등교육의 PIRLS와 TIMSS 데이터에는 2003년 이후 모든 영역에서 안정된 결과가 나타났다. 그러나 평균 점수는 수학 점수가 처음으로 높았던 1995년과 읽기 점수가 처음으로 높았던 2001년보다 상당히 낮았다(Meelissen et al., 2012).

공평성과 포괄성

네덜란드 학교교육 시스템은 기본 기량이 취약한 10대와 니트족을 거의 배출하지 않는다

네덜란드에서 기본 기량이 취약한 10대는 거의 찾아볼 수 없고 (〈그림 1-4〉) 2011년 네덜란드의 15~29세 니트족 비율은 7%로서 전체 OECD 국가(평균 16%) 가운데 가장 낮았다(OECD, 2015).

사회적 배경이 성적에 미치는 영향이 다른 나라에 비해 적다

네덜란드는 수학 성적과 사회경제적 지위의 연관성이 OECD 평균보다 적고, 매우 계층화된 교육 시스템을 가진 국가들[5] 가운데서도 가장 적다. 약 9%의 학생이 '회복력'(불우한 배경에도 불구하고 학교에서 성공한다는 의미)을 보이는데, 이는 OECD 평균인 6%보다도 상당히 높다(OECD, 2013).

특수교육이 필요한 학생이 늘고 있다는 점이 우려된다

2011년에 17%의 학생이 특수교육이 필요한 것으로 판별되었다. 이는 1990년 수치의 거의 두 배로, 중등 부문에서 특히 더 집중적으로 증가했다. 이에 대응해 '2014년 적정교육법'이 제정되면서 학교 이사회가 모든 학생을 '포함하는' 교육을 제공하게 되었다. 따라서 앞

---

5   독일, 오스트리아, 스위스 및 벨기에 북부.

기본 기량이 부실한 10대가 극소수인 네덜란드

■ 저조한 읽고 쓰기 능력	■ 저조한 산술 능력
한국	한국
일본	네덜란드
네덜란드	일본
핀란드	핀란드
에스토니아	슬로바키아
폴란드	벨기에 (북부)
오스트레일리아	에스토니아
벨기에 (북부)	오스트리아
체코	스웨덴
슬로바키아	덴마크
덴마크	체코
스웨덴	노르웨이
노르웨이	오스트레일리아
독일	폴란드
북아일랜드	독일
오스트리아	북아일랜드
캐나다	캐나다
아일랜드	프랑스
프랑스	스페인
이탈리아	이탈리아
미국	아일랜드
스페인	잉글랜드
잉글랜드	미국

주: 이민 수용국 밖에서 최고 자격을 취득한 성인, 즉 타국의 자격증을 가진 성인과 이민 수용국에 입국하기 전에 최고
자격을 취득한 1세대 이민은 제외됨.
　읽고 쓰기 또는 산술 능력이 낮은(레벨 2 이하) 16~19세 비율(%)에 따라 오름차순으로 각국을 배열함.
자료: OECD(2016).

으로 주류 교육에 편입될 학생이 늘고 별도 시설은 점차 임시적 성격이 될 것으로 기대된다(Inspectorate of Education, 2015).

이주 학생들의 성적이 중요한 도전 과제다

이주 가정 출신의 15세 학생들의 성적은 토박이 또래들보다 평균 57점이 낮다(OECD, 2013). PIRLS, TIMSS 및 국가시험인 시토(CITO) 테스트[6] 결과에서 모두 이러한 격차가 초기부터 나타났으며 TIMSS에서는 읽기와 수학 성적에서 10세 이주 학생의 성적이 토박이 또래에 비해 각각 22점, 34점 뒤처졌다. 사회경제적 차이를 조정한 후에도 1세대와 2세대 이주 학생의 성적은 비이주 학생보다 떨어졌으며, 그 차이는 각각 41점과 31점이다(Meelissen et al., 2012).

대다수 국가와 마찬가지로 여학생은 읽기를, 남학생은 수학을 잘한다

2012년 PISA의 읽기 부문에서 네덜란드 여학생의 성적은 남학생보다 훨씬 더 좋았으며(26점 차이), 남학생은 수학 성적에서 여학생보다 약간 더(10점 차이) 좋았다(OECD, 2014b). 또한 2011년 PIRLS의 읽기 부문에서 네덜란드 초등 여학생의 성적이 남학생보다 7점 높았는

6 　대다수 학교가 초등교육 말에 중앙시험개발원이 개발한 'CITO 초등교육 졸업 시험'(줄여서 CITO 테스트)라는 적성검사를 시행한다. 이 테스트는 학생별 인지 능력을 감안해 개개인에게 최적의 중등교육 유형을 추천하도록 설계되어 있다.

데, 이것은 국제 평균 차이인 16점보다 훨씬 작았다. 2011년 TIMSS 를 보면 남학생의 수학 성적이 여학생보다 8점 높은데, 이는 다른 나라와 비교해 가장 큰 차이에 속한다(Meelissen et al., 2012).

인구학적 변화

네덜란드는 학생 인구 감소를 겪고 있다

당초 초등학생 인구의 감소는 초등교육에 가장 큰 영향을 미치는 요소였다. 2011~2020년에 초등학생 수가 10만 명(7%) 감소할 것으로 예상되며 특히 아흐터훅(Achterhoek)과 리비렌란트(Rivierenland) 지방에서는 20%까지 감소할 것으로 예상된다. 이들 지방의 일부 구역에서는 2020년까지 학생 수가 최대 30% 감소할 전망이다. 이에 따라 불가피하게 등록학생이 소수에 불과한 학교가 늘고 있다. 한 예로 초등학교의 전체 5%는 전교생이 50명 미만으로 규모가 아주 작고, 15%는 전교생이 50~99명뿐이다. 전체 초등학교의 절반에 못 미치는 45%의 학교만이 200명 넘는 큰 학교로 간주될 뿐이다(Haartsen & Wissen, 2012).

특수한 변화에 직면한 작은 학교들

규모가 작은 학교는 재정과 충원 문제 때문에 교육 품질을 확보하기가 어렵다(Moseley & Owen, 2008; Huitsing & Bosman, 2011). 규모가 작으면 가르치는 방식에서 제약을 받고, 한 교실에서 나이와 능력이 각각 다른 학생들을 가르치는 데에도 어려움이 따르며, 비슷한 나이의 학생들에게 주어지는 사회적 기회도 적다. 인구학적 감소를 심하게 겪은 학교는 흔히 교육감독청에 의해 '취약하거나 매우 취약한 학교'로 분류된다(Haartsen & Wissen, 2012).

'폐교'는 잘 선호되지 않는 방법이다

농촌 지역에서는 학교가 지속 가능한 지역사회의 상징이 될 수 있다(Witten et al., 2001; Egelund & Laustsen, 2006). 인구밀도가 높은 네덜란드에서는 약 90%의 초등학생이 학교에서 1킬로미터 이내에 살지만, 학교가 폐쇄되고 통합될 경우 선택 가능한 역내학교 범위가 줄어들어 통학 거리가 늘어날 수 있다. 학교 통합을 지원하고 품질을 유지하며 혁신적 해법을 자극하기 위해서는 재정 지원 등의 보완 조치가 강구된다. 그러나 폐쇄하거나 통합하기보다 농촌의 작은 학교끼리의 협력을 강화하는 것이 충원과 재정 문제를 해결하는 데 도움이 될 수 있다(Huitsing & Bosman, 2011). 때때로 그러한 조치로 공립학교와 종교학교 간의 전통적 차이가 제거되었고, 드렌터(Drenthe) 주에서는 '넓은 학교 프로젝트'로서 조기아동교육과 초등학교교육이 통합되기도 했다(Van Leer et al., 2012). 중등 수준에서는 선택 가능한 진로의 수를 줄이는 실험이 시작되었고, 독일 동부지역에서도 이와 유사한 발전이 이루어졌다. 이러한 발전은 다른 여러 이유에서도 바람직하다. 때로 역경에서 오는 압박이 혁신을 자극하는 법이다.

네덜란드 학교 시스템 평가

네덜란드가 뛰어난 성과를 보인 이유는 무엇인가

학교 재량과 균형을 이룬 강력한 책임 메커니즘

이 장에서 설명한 대로 네덜란드의 교육 시스템은 학교와 학교 이사회가 행사하는 놀라운 재량권과 강력한 책임 메커니즘이 균형을 이룬다. 그 책임 메커니즘에는 국가시험과 영향력 있는 교육감독청(특히 개별 학교의 취약성 대처와 관련한 역할에서), 학교 선택의 자유에 따른 부담 등이 포함된다. 이러한 균형은 비교적 잘 이루어지는 것으로 보인다.

조기 진로 결정과 완화 작용의 균형

네덜란드 학교 시스템의 기본 기량 성과는 어느 면에서 보면 원칙을 깨는 것처럼, 다시 말해 '조기 진로 결정이 공평성을 훼손한다'는 주장과 충돌하는 것처럼 보인다. 대부분의 다른 OECD 국가보다 선택할 진로가 많은 네덜란드에서는 능력에 따른 진로 결정이 조기에 집약적으로 이루어진다. 네덜란드 학교 시스템의 성과가 평균적으로 괜찮은 수준이고, 공평성 측면에서도 양호하므로 종합 학교 시스템을 수립하기 위해서는 근본적인 변화가 필요하다는 주장을 진전시키기 어렵다.

핵심적 역할을 수행하는 탄탄한 직업교육 시스템

일부 국가의 직업교육·훈련은 품질이 빈약하고 학교 재원이 부족하며 노동시장과의 연계도 취약하다. 이러한 질적인 문제는 직업교육·훈련에 진입한 학생들이 받는 교육과 커리어 성과가 빈약할 가능성이 크다는 것을 의미한다. 그러한 환경에서 최초 진로 결정에 따른 영향을 종합해보면 공평성 면에서 매우 불량함을 알 수 있다. 그러나 네덜란드의 MBO 학교들은 재원이 풍족하고 성과가 좋으며 폭넓은 실습을 통해 맺는 노동시장과의 연계도 튼튼하다. 또 직업교육 시스템의 정점에는 응용과학대학교의 고등교육으로 진학할 수 있는 좋은 기회도 있다. 니트족 비율이 낮다는 점에서 학교에서 직장으로의 전환 과정도 다른 나라들보다 순조롭다(Fezekas & Litjens, 2014). 이 모든 것은 고도로 분화된 진로 시스템에 잠재된 공평성 리스크가 완전히 제거되지는 않더라도 상당히 축소되었음을 의미한다.

진로 결정과 관련된 전통적 신축성 유지가 중요하다

각 학교는 조기 진로 결정을 조정하기 위해 역사적으로 두 가지 중요한 메커니즘을 유지해왔다. 첫째, 전통적으로 중등학교는 필요한 경우 1년차에 '가교 학급'을 편성해 진로 선택을 연기할 수 있는 재량이 있었다. 둘째, 졸업장을 발판으로 삼을 수 있는 법적 제도가 있었다. 일단 자신의 진로 레벨을 마친 학생에게는 자동적으로 다음 레벨로 진학할 수 있는 기회가 부여되었고, 많은 학생들이 당초 배치되는 교육 레벨보다 높은 레벨에서 약간 늦게 졸업장을 취득했다. 이러한 신축성을 위협하는 새로운 문제에 대해서는 3장에서 논의할 것이다.

유능한 교육 인력

교육의 질은 교직원의 질에 좌우된다. 대다수 네덜란드 교사가 학생에게 좋은 교육학적 분위기를 제공하고 명료하게 설명하며 그들의 학습 향상을 돕는 데 집중한다. 또한 교육감독청에 따르면 교육의 질을 높이기 위해 교사, 학교 지도자 및 학교 이사회 이사진이 열심히 노력하는 학교가 많다(Inspectorate of Education, 2015). 네덜란드 학교 시스템에도 추가적인 개선의 여지는 분명히 있지만(5~7장 참조), 이 시스템이 성공한 핵심 이유 중 하나는 교사의 자질과 헌신이다.

긍정적인 평가를 바탕으로 살펴본 네덜란드 교육 시스템

잘 돌아가는 것처럼 보이는 시스템을 급격하게 바꾸는 데에는 항상 위험이 따른다. 지적 겸손을 갖추자면, 교육 시스템의 성공과 실패 요인을 완벽히 이해하는 데 일정한 한계가 있다. 따라서 긍정적인 결과를 확보하고 부작용을 찾을 수 있도록 네덜란드의 교육개혁을 점진적인 방식으로 추진하되 평가를 수반해야 한다. 이러한 맥락에서 연구 계획서(부록 1 참조)에 따라 추가적인 개선이 필요한 몇몇 분야를 찾아보았다.

나머지 장에서 검토할, 추가 개선이 필요한 여섯 가지 분야는 다음과 같다

① 조기아동교육·돌봄(ECEC) 분야에서 참여율이 높게 나타나고 취약 그룹을 위한 조기개입 프로그램이 집중된 것은 네덜란드가 접근 기회와 품질을 제고하기 위해 노력한 결과이다. 그러나 여전히 때로 ECEC 품질이 지나치게 떨어지는 것, ECEC 교과과정이 부재하고 직원의 자질이 부족한 것, 서비스 공급 기관이 단편화된 것 등 여러 과제가 남아 있다.

② 조기 진로 결정에는 많은 논란이 따르지만 네덜란드의 성과는 비교적 양호한 편이다. 최초의 진로 선택이 가변적인 기준에 근거하고, 점차 객관적인 시험보다 교사의 평가를 더 중시하는 것은 새로운 리스크를 초래한다. 서로 다른 진로를 택한 학생들의 인지력 측정 결과를 보면 겹치는 폭이 넓은 것을 알 수 있다. 진로 결정 문제에서 중앙 집중의 원칙과 학교 재량 간에 갈등이 있는데, 전자는 일정 인지력을 가진 학생에게 특정 교육 프로그램이 최적이라는 보고에 따라 진로를 결정하고, 후자는 교사의 조언과 가변적 기준으로 해석한 인지력 시험 점수에 따라 결정해야 한다고 본다.

③ 네덜란드는 다른 유럽 국가에 비해 최상위 성적자 비율이 높지만 개선할 필요는 있다. 네덜란드 정부가 재능이 뛰어난 학생들의 학습 의욕과 성적을 제고하기 위해 여러 정책을 구상하고 노력을 기울이고 있지만, 그룹에 상관없이 모든 학생의 학습 의욕을 고취해야 한다는 도전 과제가 남아 있다.

④ 네덜란드는 교직의 매력과 질을 높이기 위해 교사 등록제를 도입하고, 보수의 신축성을 확대하며, 더욱 선별적인 최초 교사 훈련을 도입하는 등 수많은 계획을 추진했다. 그러나 최초 교사 훈련에서 체계적인 오리엔테이션 프로그램이 미비하고 교습 기량의 차별화가 부족하다는 점에서 일부 과제가 남아 있다. 더 넓게 보면 교사가 학습 조직인 학교의 일부로서 다른 교사와 협동해서 단체로 배운다는 접근법을 개발할 필요가 있다.

⑤ 고도로 분권화된 네덜란드 학교 시스템에서는 학교 리더십이 매우 중요하지만 그에 대한 인식은 상대적으로 부족하다. 지금까지는 학교 지도자의 역량을 강화하기 위한 계획들도 불충분하며 학교 지도자의 질도 천차만별이다.

⑥ 여러 분야에서 폭넓은 자율성을 누리면서 교육의 품질을 보장해야 하는 네덜란드 학교 이사회의 책임도 점차 커졌다. 그러나 대다수 나라에서 학교 이사회가 일종의 민주적 책임을 지는 것과 달리 네덜란드의 학교 이사회는 그러한 책임을 지지 않는다. 이는 또 다른 책임성 조치가 긴요하다는 것을 의미한다. 또한 네덜란드 학교 이사회의 규모가 천차만별이어서 역량 문제가 심각한 경우도 더러 있다.

참고문헌

CBS. 2016. "VO; leerlingen, onderwijssoort in detail, leerjaar" (Secondary education; students, education type in detail, academic year). StatLine. Centraal Bureau voor de Statistiek. http://statline.cbs.nl/Statweb/publica tion/?DM=SLNL&PA=80040NED&D 1=0%2c3%2c6-7%2c14-15%2c19-21&D2=0&D3=0-6&D4=0&D5=0&D6 =0&D7=l&HDR=G1%2cG3%2cG4% 2cG5%2cG6%2cG2&STB=T&VW=T (accessed 11 January 2016).

DUO. 2013. "Aantal onderwijsdeelne-mers in het MBO"(Number of students in MBO). www.duo.nl/organisatie/open_onderw ijsdata/databestanden/mbo_/Onderwij sdeelnemers/default.asp(accessed 23 January 2014).

Dutch Government. 2011. "Teaching 2020, A Strong Profession!" Dutch Government. www.ecbo.nl/ECBO/ReferNet/docs/11-0315_Teacher_2020.pdf

Egelund, N. and H. Laustsen. 2006. "School closure: What are the consequences for the local society?" *Scandinavian Journal of Educational Research*, Vol. 50, pp. 429~439.

EP-Nuffic. 2015. *Education system The Netherlands: The Dutch Edu-cation System Described*. The Hague: EP-Nuffic. www.epnuffic.nl/en/publications/find-a-publication/education-system-the-netherlands.pdf

Fazekas, M. and I. Litjens. 2014. *A Skills beyond School Review of the Netherlands*. Paris: OECD Publishing. http://dx.doi.org/10.1787/97892642 21840-en

Haartsen, T. and L. J. G. van Wissen. 2012. "Causes and consequences of regional population decline for primary schools." *Tijdschrift voor Economische en Sociale Geografie*, Vol. 103, No. 4, pp. 487~496.

Huitsing, G. and M. H. Bosman. 2011. *Toekomstbestendig Plattelandsonderwijs. Verkenning van Mogelijkheden en Belemmeringen voor Samenwerking Tussen Dorpsscholen*(The Future of Rural Education: Exploration of Different Possibilities and Obstacles for Cooperation between Rural Schools). Groningen: Rijksuniversiteit Groningen.

Inspectorate of Education. 2015. *The State of Education in the Netherlands in 2013~2014*. Utrecht: Inspectorate of Education. www.onderwijsinspectie.nl/binaries/c ontent/assets/publicaties/2015/08/th e-state-of-education-in-the-netherlan ds-2013-2014---printable-version.pdf

Meelissen, M. R. M. et al. 2012. *PIRLS-en TIMSS-2011: Trends in leerprestaties in Lezen, Rekenen*

en *Natuuronderwijs*(Trends in
Learning Achievments in Reading,
Numeracy and Science). Nijmegen:
Radboud Universiteit, Enschede:
Universiteit Twente.
http://doc.utwente.nl/82325/1/Rapp
ort.pdf

MoECS. 2016. *Key Figures Education*.
The Hague: Ministry of Education,
Culture and Science.

_____. 2012. *Key Figures 2007~2011*.
The Hague: Ministry of Education
Culture, and Science.

Moseley, M. J. and S. Owen. 2008.
"The future of services in rural
England: The drivers of change
and a scenario for 2015."
Progress in Planning, Vol. 69, pp.
93~130.

Nusche, D. et al. 2014. *OECD
Reviews of Evaluation and
Assessment in Education:
Netherlands 2014*. OECD Reviews
of Evaluation and Assessment in
Education. Paris: OECD Publishing.
http://dx.doi.org/10.1787/97892642
11940-en

OECD. 2016. *Building Skills for All: A
Review of England*. Paris: OECD
Publishing.
www.oecd.org/unitedkingdom/buildi
ng-skills-for-all-review-of-england.pdf

_____. 2015. *Education at a Glance
2015: OECD Indicators*. Paris:
OECD Publishing.
http://dx.doi.org/10.1787/eag-2015-
en

_____. 2014a. *Education Policy
Outlook: Netherlands*. Paris: OECD
Publishing.
www.oecd.org/edu/EDUCATION%2

0POLICY%20OUTLOOK_NETHERL
ANDS_EN%20.pdf

_____. 2014b. *PISA 2012 Results:
What Students Know and Can Do
(Volume I, Revised edition,
February 2014): Student
Performance in Mathematics,
Reading and Science*. PISA. Paris:
OECD Publishing.
http://dx.doi.org/10.1787/97892642
08780-en

_____. 2013. *PISA 2012 Results:
Excellence through Equity: Giving
Every Student the Chance to
Succeed(Volume II)*. PISA. Paris:
OECD Publishing.
http://dx.doi.org/10.1787/97892642
01132-en

_____. 2012. *Education at a Glance
2012: OECD Indicators*. Paris:
OECD Publishing.
http://dx.doi.org/10.1787/eag-2012-
en

_____. n.d. "Diagram of the education
system: The Netherlands." *OECD
Education GPS*. Paris: OECD
Publishing.
http://gpseducation.oecd.org/Countr
yProfile?primaryCountry=NLD

Van Leer, R. et al. 2012. *Krimpen
met Perspectief. Demografische
Ontwikkelingen, Gevolgen en
Kansen voor het Drentse
Basisonderwijs*(Decline with
Perspective: Demographic
Developments, Consequences and
Opportunities for Primary
Education in Drenthe). Assen:
Stamm CMO.

Van Twist, M. et al. 2013. "Coping
with very weak primary schools:

Towards smart interventions in Dutch education policy." *OECD Education Working Papers*, No. 98. Paris: OECD Publishing. http://dx.doi.org/10.1787/5k3txnpnh ld7-en

Vrieze, G., J. van Kuijk and J. de Loo. 2009. *Tijd voor beroepspraktijkvorming en andere onderwijsactiviteiten*(Time for Vocational Training and Other Educational Activities). Nijmegen: ITS, Radboud Universiteit.

Witten, K. et al. 2001. "The impacts of a school closure on neighbourhood social cohesion: Narratives from Invercargill, New Zealand." *Health & Place*, Vol. 7, No. 4, pp. 307~317.

2

조기아동교육·돌봄(ECEC)의 품질 개선

IMPROVING QUALITY IN EARLY CHILDHOOD EDUCATION AND CARE IN THE NETHERLANDS

조기아동교육·돌봄(ECEC)에 참여율이 높게 나타나고, 취약 그룹을 위한 조기개입 프로그램이 집중된 것은 네덜란드가 접근 기회와 품질을 제고하려 노력한 결과이다. 그러나 ECEC의 품질이 지나치게 떨어지고 서비스 공급 기관이 단편화된 경우도 더러 있다. 2장에서는 네덜란드 ECEC의 품질을 제고하기 위한 과제와 해법을 검토한다. 또한 여러 ECEC 서비스의 거버넌스, 재정과 함께 구조와 과정의 품질을 분석하고 국가 교과과정 틀의 개발과 ECEC 직원의 기량을 향상시킬 방법들, ECEC 공급에 대한 더욱 통합적인 접근법 등을 살펴봄으로써 ECEC의 품질을 제고할 필요가 있음을 규명한다.

조기아동교육·돌봄(ECEC)이 왜 중요한가

수많은 연구 결과가 인지력 발달이나 학교 성적, 졸업, 사회정 서적 발달에 ECEC가 유용하다는 것을 입증한다(Barnett, 1995; Burger, 2010; Heckman, 2006; Love et al., 2003; Magnuson, Ruhm & Waldfogel, 2007; Winsler et al., 2008). 특히 불우 아동은 ECEC로 더욱 큰 혜택을 누린다 (Magnuson et al., 2004; Wen et al., 2012). 양질의 ECEC는 부모의 사회생 활을 지원하고 노동시장 참여를 통한 여성해방을 뒷받침한다. 그 결 과 많은 나라에서 ECEC의 공급, 품질, 접근성을 높이기 위한 정책 의 제는 늘 상위에 올라 있다(OECD, 2006, 2011).

다양한 공급 형태

4세 미만 아동을 위한 여러 유형의 서비스 공급

네덜란드의 ECEC 시스템은 4세 미만의 아동에게 돌봄과 조기 교육을 제공하는 모든 과정을 포함한다. 의무교육은 5세에 시작하지 만 4세부터 초등학교에 다닐 수 있어서 4세 때 초등학교에 입학하는 것이 보편적이다. 또한 초등학교의 첫 두 학년은 유치원에 해당하며 4세 미만의 아동에게 제공되는 ECEC 형태는 다음과 같다.

• 사설 어린이집(day care center)은 출생 후 4세 미만의 아동을 연 중 내내 최대 주 5일 동안 돌본다. 어린이집은 주로 맞벌이 부모를

위한 시설이다. 52%가 넘는 2~3세 아동이 어린이집을 다니지만 평균적으로 꼬박 주당 이틀을 다닌다(CBS, 2016).

- 보모의 재택 돌봄(in-home care)은 출생 후 12세 미만의 아동에게 제공되며, 2~3세 네덜란드 아동의 일부(약 9%)가 이 서비스를 받는다. 이 서비스의 주된 목적도 어린이집과 마찬가지로 맞벌이 부모에 대한 지원이다.

- 공립 예비유치원(pre-kindergarten) 시설, 즉 놀이방은 좀 더 공식적인 형태의 ECEC를 제공하며 특정 기간 단위로 등록을 받는다. 네덜란드 아동의 약 37%가 예비유치원 시설에 다니며 대부분의 2~3세 그룹이 주당 2~4일을 다닌다(CBS, 2016).

불우 아동에게는 특별 프로그램을 지원한다

어린이집과 예비유치원은 일반 프로그램 외에도 주당 반나절씩 4번까지 유아 및 초등 저학년 교육(VVE)을 제공할 수 있다. 이 프로그램은 무상으로 제공되며 프리스쿨(preschool)과 유치원에 해당하는 2.5~6세가 대상이다. 교육은 기본적으로 전인적 발달에 초점을 맞추지만 네덜란드어 발달을 강조하는 체계화된 교과과정을 따른다.

여러 부처와 기관이 책임을 분담한다

- 2002년부터 사회고용부(SZW)가 '보육법'(2005)과 '복지법'을 시행하는 등 2~3세 대상의 예비유치원을 포함한 보육정책을 담당하고 있다.

- 교육문화과학부는 교육 시스템과 불우 아동 그룹(2.5~4세)을 위한 VVE를 담당한다. 교육감독청은 ECEC 공급의 교육적 측면을 점검하는 역할을 하는데, 주로 프로그램의 공급 품질에 초점을 맞춘다.
- GGD(지방자치단체 보건소)는 ECEC의 구조적 품질을 점검하는 임무를 맡아 매년 공급자를 감사한다. 2010년 이후 국가품질표준에 따라 모든 보육시설에 일률적인 품질 표준이 설정되었다.

ECEC의 재원 조달 출처는 다양하며 지자체별로 다르다

일반적으로 ECEC 공급을 위한 재원은 다음의 세 가지에서 나온다. 첫째는 정부와 지자체의 보육 보조금과 공립 예비유치원 시설 예산이다. 둘째는 고용주의 기부이고, 셋째는 학부모이다. 각 출처가 전체 비용의 약 3분의 1씩 기여한다(Bettendorf, Jongen & Muller, 2015). '2005년 보육법'에 따라 민간 부문의 역할이 증가했는데, 지금은 민간 시장에서 어린이집을 운영하며 학부모는 선호에 따라 어린이집을 자유롭게 선택할 수 있다. 또한 보육 보조금은 자산 조사 결과에 따라 노동시장 활성화 프로그램에 의거해 맞벌이 부모와 실업자 부모에게 지급되고, 불우 아동이 이용하는 VVE 프로그램은 정부가 전부 재정을 충당한다(Education Council, 2015).

저조했던 ECEC에 대한 공공 지출이 높아졌다

(초등교육의) 4~5세 아동에 대한 지출을 포함해 보육과 조기교육 서비스에 대한 공공과 민간 지출은 2011년 GDP의 0.9%로서 OECD

그림 2-1
2012년 임금 대비 네덜란드 부모가 부담하는 보육 비용:
2세 아동이 인가된 풀타임 돌봄·교육 서비스를 받는 경우의 보육비

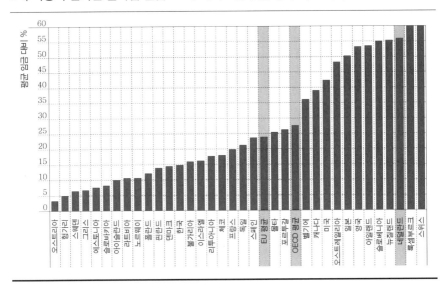

주: 평균임금 대비 2세 아동 보육비(%)의 오름차순으로 각국을 배열함.
자료: OECD(2014).

평균인 0.8%에 가까웠다(OECD, 2015a). 2005년과 2008년 사이에 학부모 보조금이 상당히 증가해 학부모가 실제 부담하는 보육비가 반으로 줄었고(Bettendorf, Jongen & Muller, 2015), 2009년에는 공공지출이 27억 유로에 달하면서 세 배가 되었다. 이로써 맞벌이 부모를 위한 충분한 공급이 확보되었다(Akgunduz & Plantenga, 2014). 그러나 금융위기 이후 2012년에 첫째 아이에게 지급되는 보육 보조금이 2~5% 삭감되었고, 둘째 아이에게 지급되는 보조금은 10% 삭감되었다. 이는 중간

소득 가구나 고소득 가구에 큰 타격을 입혔다.

네덜란드 부모는 보육 서비스에 OECD 평균 이상의 비용을 부담한다

2012년 2세 아동의 풀타임 보육 총비용은 네덜란드 평균 임금의 56%에 달했는데, 이는 OECD 평균의 두 배였다(〈그림 2-1〉). 그러나 정부의 재정 지원 증가에 힘입어 2017년까지 부모가 부담하는 비용은 떨어질 것이다. 실제로 네덜란드의 풀타임 보육은 흔하지 않으며 네덜란드 아동은 평균적으로 주당 이틀의 돌봄을 받는다.

참여 수준

높은 등록률

OECD 회원국의 평균을 보면 2013년 3세 아동의 74%가 ECEC를 다녔다. 네덜란드의 ECEC 참여율은 OECD 평균보다 높았고, 3세 아동의 83%가 ECEC를 다니는 것으로 나타났다(〈그림 2-2〉).

그러나 네덜란드 아동은 대개 파트타임으로만 시설을 이용한다

2013년 네덜란드 아동은 평균 주당 17시간만 ECEC를 다녔는데, 이는 풀타임 돌봄의 30시간보다 적었다(〈그림 2-3〉). 0~2세 아동의 풀타임 상당 참여율은 31%로, 참여율은 높지만 평균 시간이 낮은 현

그림 2-2

2013년 3세 아동의 ECEC 등록률

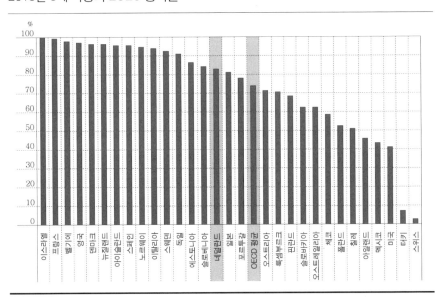

주: 2013년 3세 아동의 등록률에 따라 내림차순으로 각국을 배열함.
자료: OECD(2015a).

실을 반영한다. OECD 국가의 약 3분의 1이 네덜란드보다 풀타임 상
당 참여율이 높은데, 그중 덴마크, 아이슬란드 등은 60%를 상회한다
(OECD, 2013).

사회적 배경은 참여 및 ECEC 공급 형태와 연관성이 높다

0~3세의 참여율은 OECD 평균보다 높은데 이때 사회경제적
지위는 ECEC 참여를 결정하는 강력한 요인이다(CBS, 2016). 최하위
소득집단(백분위 20)에 속하는 3세 미만 아동의 약 40%는 어떤 형태의

그림 2-3

2013년 0~2세 아동의 공식 보육 프로그램 참여

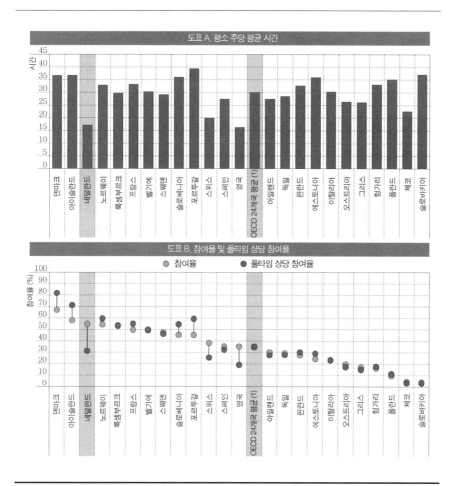

주: 이 데이터는 어린이집 서비스, 조직화된 주간 돌봄 및 (공립·사립) 프리스쿨에 참여하는 아동과 전문 보모가 돌보는 아동을 포함한다. 친척, 친구, 이웃 등이 제공하는 비공식적 서비스는 데이터에서 제외된다. 독일의 주당 시간 데이터는 2012년 수치이다.

1. 주당 평균 시간 데이터가 있는 24개 OECD 회원국을 단순(비가중) 평균한 것.

0~2세 아동이 공식적 보육 및 프리스쿨 서비스를 받는 참여율의 내림차순으로 각국을 배열함.

자료: OECD(2013).

ECEC도 공급받지 못하며, 이는 최상위 소득집단의 8%와 비교된다.

ECEC 시설은 사회경제적 차원에서 선택되는 측면이 강하다

사설 어린이집은 대개 부유한 맞벌이 가구를 대상으로 하며 예비유치원은 대개 저소득 가구와 소수집단의 아동을 돌본다(Slot, 2014; Akgunduz & Plantenga, 2014). 따라서 불우 아동을 위한 VVE는 주로 예비유치원과 관련해 편성된다. 교육평의회와 사회경제평의회 등 일각에서는 사회적 분리가 수반될 위험이 있다고 경고했다(Education Council, 2015; Social and Economic Council, 2016).

노동시장에 작용하는 ECEC

주로 여성이 재택 보육을 담당한다

대다수 나라와 마찬가지로 네덜란드에서도 가족, 특히 여성이 유아 보육을 담당한다(Education Council, 2015). 여성의 노동 참여율은 높지만(약 80%) 여성 근로자의 4분의 3 이상이 파트타임으로 스위스와 함께 OECD 회원국 가운데 가장 높다. 네덜란드는 파트타임 근로 선택에서도 성별 간 큰 차이를 보이며(〈그림 2-4〉), 이로 인해 (보수를 받든 받지 않든) 불평등한 분업이 이루어진다. 파트타임 근로 여성은 남성보다 더 적은 보수를 받으며 승진 기회도 적다. 네덜란드의 남녀 간 보수 차이는 20%로 다른 OECD 회원국의 평균(15%)보다 크며 민간 부

그림 2-4
2014년 어린 자녀를 둔 맞벌이 부부의 성별 근로시간 분포

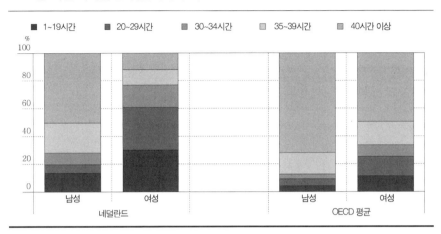

자료: OECD(2015c).

문에서 관리직과 최고직위에 있는 여성도 드물다(17%).

ECEC 보조금 증액은 비교적 제한된 영향을 주었다

2005~2009년 동안 여성의 주당 근로 시간은 보조금 증액의 영향을 약간은 받았지만(6.2% 증가), 여성의 노동시장 참여에는 거의 영향을 주지 못했다(겨우 3% 증가)(Bettendorf, Jongen & Muller, 2015). 이처럼 큰 영향을 주지 못한 데에는 가족 보육을 강하게 선호하는 문화가 반영된 것과 어린이집 이용 시의 품질이나 재정적 형편에 대한 우려가 작용한 것으로 보인다. 또한 다른 정부 정책도 요인으로 작용했을 것이다. 예를 들어 네덜란드 여성은 16주의 유급 출산휴가를 받을 수

있는 반면 남성은 5일간의 유급 출산휴가를 받는데, 이것은 아버지들이 더 많은 권리를 누리는 북유럽 국가와 대조된다.

보편적으로 제공되는 ECEC의 품질

ECEC가 아동에게 유익한 영향을 미치려면 고품질이 대단히 중요하다

연구 결과에 따르면 낮은 품질의 ECEC는 아동 발달을 촉진하기는커녕 오히려 해칠 수 있다(OECD, 2011). ECEC 품질에는 다음과 같은 두 가지 차원이 있다.

- 첫째, 구조적 품질이다. 이 품질은 ECEC 공급의 특성을 가리키며 그룹의 크기, 아동·직원 비율, ECEC를 전공한 직원의 교육적 자격, ECEC 교과과정, 적합한 전문성 개발, 현장 훈련 등이다(OECD, 2011; Leseman & Slot, 2013; Slot, 2014). ECEC 교과과정을 제외한 모든 구조적 요건이 강력하게 규제되어 모든 유형의 ECEC 공급에 적용된다. 구조적 품질은 과정 품질의 전제 조건이다.

- 둘째, 과정 품질은 교사와 아동 간 또는 아동과 아동 간 상호작용의 사회정서적·교육적 특징과 관련되며, 이러한 상호작용은 아동이 자기조절, 학업 전(pre-academic) 기량, 사교 기량을 높이는 데 도움을 준다(Curby et al. 2009; Howes et al., 2008; Mashburn et al., 2008; Slot, 2014).

일반적인 ECEC의 품질은 낮거나 중간이며, 특히 사설 어린이 집의 품질은 불충분하다

모든 유형의 ECEC 서비스에서 정서적 측면의 질은 양호한 편이다(Leseman & Slot, 2013; Social and Economic Council, 2016). 일반적으로 직원들은 어린이들의 요구에 민감하게 반응하면서 좋은 분위기를 만들지만 교육적 품질은 모든 유형의 ECEC 서비스에서, 특히 민간 부문 시설에서 떨어지거나 평균적이다(Veen & Leseman, 2015; Slot, 2014).

구조적 품질

공통의 품질 체계가 적용되고 있다

2010년 평준화 목적의 입법에 따라 어린이집과 예비유치원이 법적으로 같은 품질 체계를 적용받게 되었다. 그 결과 두 유형의 ECEC가 구조적 품질 면에서 거의 차이를 보이지 않게 되었다(Slot, 2014).

ECEC 직원의 수준을 향상시킬 필요가 있다

네덜란드에서 4세 이하의 아동을 돌보는 ECEC 직원이 되려면 최소한의 자격으로서 상급중등직업교육(MBO)을 졸업해야 한다. 이는 모든 북유럽 국가와 뉴질랜드, 영국이 ECEC 직원에게 대학 졸업장을 요구하는 것(OECD, 2011)과 비교하면 다른 OECD 국가에 비해서도 까다롭지 않은 것이다.

MBO 레벨에 있는 초기 교육 프로그램의 품질과 표준화 결여를 우려하는 목소리가 작지 않은데, 이것은 전반적으로 보면 전문화된 ECEC 콘텐츠가 거의 없기 때문이기도 하다(Lindeboom & Buiskool, 2013). 교육평의회(Education Council, 2015)는 직원 자격을 대졸 수준으로 높이면 ECEC의 품질이 제고될 것이라고 여러 해 동안 주장해왔다. 이것은 모든 직원에게 고학력을 요구한다는 의미가 아니라 MBO부터 대졸에 이르는 여러 레벨의 기량을 가진 팀을 꾸리자는 것이다. 이렇게 하면 자격 제고에 따른 비용 상승이 제한된다. 지속적인 전문성 개발의 중요성이 점차 확산되면서 여러 전문성 개발계획이 등장했다. 교육문화과학부의 '페르슈테르크(Versterk)' 프로그램(2010~2014년)과 '자질 자극(Quality Impuls)' 프로그램(2013~2016년)이 최근에 시행된 것을 예로 들 수 있다(Social and Economic Council, 2016; Education Council, 2015).

네덜란드에는 공통의 ECEC 교과과정이 없다

인지력 발달과 정서 발달이 3~4세 이전에 일어난다는 점에 따라 ECEC 교과과정은 공급 표준을 설정해 품질과 일관성을 제고한다(〈그림 2-5〉; OECD, 2006). 대부분의 OECD 회원국에 있는 ECEC 교과과정은 발달 목표를 정하고 어떤 주제(예를 들면 '조기 읽기')를 추구할 것인지 설명한다(OECD, 2011, 2015b). 네덜란드에는 2.5세 미만 아동을 위한 교과과정이 없고 오직 2.5~4세 아동을 대상으로 포괄적으로 정립한 발달 목표만 있다. 불우 아동을 위해 고안된 VVE 교과과정은 점차 다른 보육 맥락에도 사용되고 있다.

그림 2-5
연령별 조기 두뇌 발달이 민감한 시기

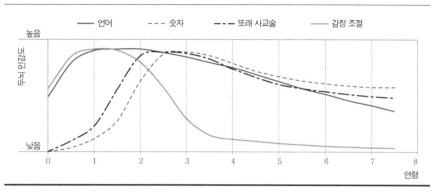

자료: OECD(2015b).

조기 학습 소외층을 줄이는 VVE의 효과

유럽 대륙과 북부의 다수 국가들이 조기아동교육에 보편주의 접근법을 취하지만, 네덜란드는 주로 공립 예비유치원에서 제공되는 유아 및 초등 저학년 교육(VVE)를 통해 불우 아동을 명시적으로 겨냥한다. 2010년 불우 아동교육법에 의거해 VVE 재정이 대폭 확충되면서 2015년에는 등록된 교육장 수가 배가되었고 수혜아동도 총 11만 명에 달했다(Akgunduz & Heijnen, 2016).

VVE의 긍정적 효과에 대한 첫 번째 조사 결과

슬롯(Slot, 2014)은 전국적 규모의 종적 집단 조사에 근거해 VVE가 모든 아동을 위한 정서적·교육적 과정 품질에 긍정적인 효과를 미친다고 증명했다. 최근 연구에 따르면 VVE의 재정이 확충되면서 초등교육 저학년 아동의 유급이 대폭 감소했다(Akgunduz & Heijnen, 2016). 참고로 네덜란드 초등학교의 유급률은 OECD 평균인 7.7%의 세 배이다. 초등학교 1~2학년(4~5세)의 유급률이 가장 높고 사회경제적으로 불우한 가정과 이민 가정 출신 아동의 유급률이 특히 높다. 일부 학교에서는 전체 학생의 절반 가까이가 유급하기도 한다. 학생의 성적을 향상시킨다는 유급의 효과가 매우 제한적이라는 증거를 감안할 때 유급은 비용이 많이 드는 낭비다(Akgunduz & Heijnen, 2016).

권고 1: ECEC의 교육적 품질을 높여라

권고 1: ECEC 직원의 자격과 훈련을 개선하고 표준화하면서 교과과정 틀을 개발하고 ECEC의 교육적 품질을 제고하라. ECEC 공급에 좀 더 통합적인 접근법을 취하라.

모든 ECEC 시설을 위한 국가 교과과정 틀을 개발하라

표준을 설정하는 교과과정이 ECEC 공급의 품질과 일관성을 높일 수 있다. 이러한 품질과 일관성은 ECEC 공급이 단편화되어 있고 보편적인, ECEC의 질적 수준이 평균적으로 낮은 네덜란드 정황에서 특히 더 중요하다. 국가 교과과정 개발을 위해 통합적 접근법을 취하되 가족·직원과 협력해 현지의 필요에 맞춰야 한다.

직원 자격을 제고하고 ECEC에 중점을 둔 초기·후속 교육을 강화하라

네덜란드는 직원의 자격 수준을 제고하는 데 투자해야 한다. 이 목표를 달성하려면 초기와 후속 교육·훈련 프로그램 수준을 제고해야 하며 그 내용도 ECEC에 중점을 두어야 한다. ECEC 입문으로 이어지는 수많은 프로그램을 조화시키는 것도 필요하다.

한층 더 통합적인 접근법으로 전환하라

네덜란드 교육평의회는 여러 해 동안 '보육'과 '조기교육' 목표를 통합하는 동시에 공급자와 그들의 자원을 통합하는 통합적 접근법으로 전환할 것을 정부에 촉구해왔다. 교육평의회의 주장에 따르면 비용과 여러 당사자 간의 이해관계가 장애물로 작용해왔다(Education Council, 2015). 통합적 접근법이 채택되도록 취할 수 있는 세 가지 구체적 조치는 다음과 같다. ① ECEC의 과정 품질을 높이고 평준화하기 위해 국가 ECEC 교과과정을 도입하라. ② 다수의 다른 OECD 회원국의 예를 따라 ECEC에 대한 거버넌스, 재정 지원 및 모니터링을 단일 부처 소관으로 통합해서 업무의 일관성을 향상시켜라. ③ 한층 더 통합된 ECEC를 공급하도록 공공·민간 파트너십 등 로컬 혁신에 인센티브를 제공하라.

참고문헌

Akgunduz, Y. E. and S. Heijnen. 2016. "Impact of funding targeted pre-school interventions on school readiness: Evidence from the Netherlands." *CPB Discussion Paper 328*. CPB Netherlands Bureau for Economic Policy Analysis.

Akgunduz, Y. E. and J. Plantenga. 2014. "Equal access to high-quality childcare in the Netherlands." in L. Gambaro, K. Stewart and J. Waldfogel(eds.). *An Equal Start?: Providing Quality Early Education and Care for Disadvantaged Children*. Bristol: Policy Press.

Barnett, W. S. 1995. "Long-term effects of early childhood programs on cognitive and school outcomes." *The Future of Children*, Vol. 5, No. 3, pp. 25~50.

Bettendorf, L. J. H., E. Jongen and P. Muller. 2015. "Childcare subsidies and labour supply: Evidence from a large Dutch reform." *Labour Economics*, Vol. 36, pp. 112~123.

Burger, K. 2010. "How does early childhood care and education affect cognitive development? An international review of the effects of early interventions for children from different social backgrounds." *Early Childhood Research Quarterly*, Vol. 25, pp. 140~165.

CBS. 2016. "Peuters lage-inkomensgroepen blijven vaker thuis"(Toddlers from lower-income group are more often staying at home). www.cbs.nl/nl-nl/nieuws/2015/39/peuters-lage-inkomensgroepen-blijven-vaker-thuis

Curby, T. W. et al. 2009. "The relations of observed Pre-K classroom quality profiles to children's achievement and social competence." *Early Education and Development*, Vol. 20, pp. 346~372.

Education Council. 2015. *Een goede start voor het jonge kind*(A Good Start for a Young Child). Den Haag: Education Council.

Heckman, J. J. 2006. "Skill formation and economics of investing in disadvantaged children." *Science*, Vol. 312, No. 5782, pp. 1900~1902.

Howes, C. et al. 2008. "Ready to learn? Children's pre-academic achievement in pre-kindergarten programs." *Early Childhood Research Quarterly*, Vol. 23, pp. 27~50.

Leseman, P. P. M. and P. L. Slot. 2013. *Kwaliteit en curriculum van voorschoolse opvang en educatie in Nederland*(Quality and Curriculum of Early Childhood Education and Care in the Netherlands. Utrecht: University of Utrecht, Department of Special Education.

Lindeboom, G. J. and B. J. Buiskool. 2013. *Quality in early childhood education and care: Annex report country and case studies.* Directorate General for Internal Policies, Policy Department B Structural and Cohesion Policies, Culture and Education. Brussels: European Union.

Love, J. M. et al. 2003. "Child care quality matters: How conclusions may vary with context." *Child Development*, Vol. 74, pp. 1021~1033.

Magnuson, K. A. et al. 2004 "Inequality in preschool education and school readiness." *American Educational Research Journal*, Vol. 20, pp. 115~157.

Magnuson, K. A., C. Ruhm and J. Waldfogel. 2007. "Does prekindergarten improve school preparation and performance?" *Economics of Education Review*, Vol. 26, pp. 33~51.

Mashburn, A. J. et al. 2008. "Measures of classroom quality in prekindergarten and children's development of academic, languageand social skills." *Child Development*, Vol. 79, pp. 732~749.

OECD. 2015a. *Education at a Glance 2015: OECD Indicators.* Paris: OECD Publishing. http://dx.doi.org/10.1787/eag-2015-en

_____. 2015b. *Starting Strong IV: Monitoring Quality in Early Childhood Education and Care.* Paris: OECD Publishing. http://dx.doi.org/10.1787/978926423 3515-en

_____. 2015c. "LMF2.1: Usual working hours per week by gender." *OECD Family Database*, OECD. www.oecd.org/els/family/database.htm (accessed 7 April 2016).

_____. 2014. "PF3.4: Childcare support." *OECD Family Database.* OECD. www.oecd.org/els/family/database.htm(accessed January 2016).

_____. 2013. "PF3.2: Enrolment in childcare and pre-school." *OECD Family Database*, Table PF3.2.B. OECD. www.oecd.org/els/family/database.htm (accessed 11 January 2016).

_____. 2011. *Starting Strong III: A Quality Toolbox for Early Childhood Education and Care.* Paris: OECD Publishing. http://dx.doi.org/10.1787/978926412 3564-en

_____. 2006. *Starting Strong II: Early Childhood Education and Care.* Paris: OECD Publishing. http://dx.doi.org/10.1787/978926403 5461-en.

Slot, P. L. 2014. *Early childhood education and care in the Netherlands: Quality, curriculum and relations with child development.* Dissertation. University of Utrecht.

Social and Economic Council. 2016. *Gelijk Goed van Start: Visie op het Toekomstige Stelsel van Voorzieningen voor Jonge Kinderen*(A Good Start from Early Onwards: Vision on the Future System of Services for Young Children). The Hague: Social and

Economic Council. www.ser.nl/~/media/db_adviezen/2010_2019/2016/gelijk-goed-van-start.ashx

Veen, A. and P. Leseman(eds.). 2015. *Pre-COOL Cohortonderzoek. Resultaten over de Voorschoolse Periode*(Pre-Cool Cohort Study: Results for the Preschool Period). Amsterdam: Kohnstamm Instituut.

Wen, X. et al. 2012. "Are two years better than one year? A propensity score analysis of the impact of Head Start program duration on children's performance in kindergarten." *Early Childhood Research Quarterly*, Vol. 27, pp. 684~694.

Winsler, A. et al. 2008. "School readiness gains made by ethnically diverse children in poverty attending center-based childcare and public pre-kindergarten programs." *Early Childhood Research Quarterly*, Vol. 23, pp. 314~329.

3

조 기 진 로 결 정

MAKING SENSE OF EARLY TRACKING IN THE NETHERLANDS

네덜란드 학교 시스템은 폭넓은 조기 진로 결정으로 매우 계층화되어 있다. 조기 진로 결정에 대해서는 논란이 많지만, 네덜란드 학생들의 성적은 평균적으로 양호하며 공평성 면에서도 그러하다. 그러나 진로 결정 시스템의 완벽성에는 여전히 의문이 남는다. 제시된 증거들을 보면 교육 진로(프로그램) 내에서 학업 성과의 편차가 크고 불우 학생과 혜택을 받은 학생 간에 교육 기회의 불공평성도 점차 심화되고 있다. 3장에서는 최초의 진로 선택과 배치 시스템에 관한 도전 과제를 분석하고 개선 방안을 제시한다. 또한 최초의 진로 결정을 좌우하는 객관적인 국가시험의 중요성을 집중 조명하고 시스템의 투과성(진로의 변경가능성)을 개선하는 방안으로서 하향 진로 결정과 유급을 대폭 줄이는 방안, 차별화된 탄탄한 교습 기량 등을 검토한다. 여기서 차별화된 교습 기량은 학급 내에서 성적 우수자를 찾아내 상위 진로로 승급할 수 있도록 뒷받침하기 위한 것이다.

조기 진로 결정에 대한 찬반

중등교육은 종합 교육 시스템이거나 네덜란드처럼 다수의 개별 진로 시스템이다

종합 교육 시스템에서는 능력의 차이가 나는 아동들이 장기간 같은 학교를 다니면서 동일한 교육 프로그램을 따라간다. 학교와 교사는 능력이 천차만별인 학생들을 상대하며, 우열반 편성은 대개 같은 학교 내에서나 같은 학급 내에서 이루어진다. 우열반 이동도 가능하다. 그래서 학생마다 공부하는 주제가 다르고 난이도 수준도 다른 경우가 빈번하다. 그러나 계층화된 시스템에서는 아동이 (때로는 일찍이 하급 중등교육부터) 각자의 능력에 따라 상이한 교육 프로그램, 즉 '진로(tracks)'로 분리된다. 대개 독일어 사용국가나 동유럽, 벨기에 북부 및 네덜란드에서 볼 수 있는 이러한 교육 시스템은 진로 선정 연령과 학생들에게 제공되는 프로그램 수에 따라 다소간 계층화될 수 있다 (Bol et al., 2014; Education Council, 2010; Prokic-Breuer & Dronkers, 2012).

조기 진로 결정(초등학교 졸업 후)의 장점이 폭넓게 논의되다

조기 진로 결정 찬성론자들은 학생을 능력에 따라 나누면 학습이 더욱 효율화되고, 나아가 교사가 학생의 수준에 맞추기 더 수월하다고 주장한다. 그들은 학급 내 능력 분포 범위가 너무 넓고 교사가 평균에 맞출 경우 성적 최상위와 최하위 학생들이 모두 고통스러울 것이라고 주장한다(Hallinan, 1994; Lazear, 2001; Sund, 2013). 반면 조기 진로 결정 반대론자들은 성취도가 낮은 학생들에게 닥칠 위험성을 지적한다. 많은 문헌이 또래 영향(peer effects)을 다루면서 같은 학급 내에서 유능한 학생은 성적이 향상되지만 무능한 학생은 성적이 떨어진다고 밝혔다. 진로가 설정된 시스템에서는 성적이 낮은 학생들이 우수 학생들에게서 받는 긍정적인 또래 영향[1]을 박탈당하는 경향이 있다. 게다가 직업교육 진로를 택한 학생들은 매우 상이한 교과과정을 적용받기 쉬운데, 그런 교과과정에 따른 학업 궤도는 나중에 벗어나기 어렵다(Korthals, 2015; Sund, 2013). 끝으로 학생들의 발달 속도가 상이하기 때문에 조기 진로 선정으로 잘못된 배치가 이루어지기 쉬우며, 잘못 배치된 것을 수정하기 어려울 때에는 특별히 더 문제가 된다.

전국적으로 종합적인 영향을 조사한 것은 정확하지 않다

진로 결정에 관한 논의는 누가 얼마만큼의 이익과 손해를 보느냐의 문제로 이어진다. 전국적인 조사 가운데 하나는 조기 진로 결정이 불평등을 증가시키고 평균 성적에 미치는 영향이 분명하지 않다고 결론지었다(Hanushek & Woessmann, 2006). 반면 상이한 결과를 도출한 다른 조사들도 있는데, 발딩거(Waldinger, 2006)는 진로 결정이 가정환경과 성적의 관계에 아무런 영향을 미치지 않는다고 밝히고 공평성에 부정적인 영향을 미친다는 증거가 없다고 결론짓는다. 또한 초등교육과 중등교육의 성적 향상을 비교한 연구에 따르면, 조기 진로 결정 국

---

1   이는 또래 영향이 비선형인 경우에만 적용된다(Hoxby, 2000).

가의 성적 향상 정도가 낮고 남학생과 하위성적 학생들에게서 특히 더 부정적인 결과가 나왔다(Jakubowski & Pokropek, 2015). 또한 국제성인문해력조사(IALS) 데이터(국제비교를 위한 또 다른 일반적인 출처)를 분석한 연구에 따르면, 조기 진로 결정이 문해력과 장래 소득에 상이한 영향을 미친다는 모호한 결과도 있었다(Brunello & Checchi, 2007).

국가별 변수에 기초한 조사에서도 비슷하게 엇갈리는 결과가 나왔다

미국 데이터를 활용해 진로 결정이 학생들의 수학시험 점수에 미치는 영향을 조사한 바에 따르면, 진로 결정으로 하위 능력 학생이 손해를 보거나 상위 능력 학생이 이득을 보지는 않는다(Figlio & Page, 2002). 핀란드의 종합 학교로의 개혁[2]에 관해 조사한 바에 따르면, 이 개혁이 교육을 거의 받지 못한 가정의 아이들의 구두시험 점수에는 약간 긍정적인 영향을 미쳤으나 산술이나 논리적 추리 성적에는 영향을 주지 않았다(Pekkarinen, Uusitalo & Kerr, 2009). 반면 네덜란드는 진로 결정이 성적 분포의 최상위에 있는 학생들의 성적에는 긍정적인 영향을 미쳤으나 평균적인 학생들에게는 아무런 부정적인 영향도 주지 않았다(Van der Steeg, Vermeer & Lanser, 2011). 이 외에도 일반중등교

---

2   핀란드는 종합 학교 개혁으로 종래의 2-트랙 학교 시스템을 폐지하고 획일적인 9년제 종합 학교를 신설했다. 그 결과 진로 선택 연령을 높이고 계층화를 효과적으로 줄일 수 있었다(Pekkarinen, Uusitalo & Kerr, 2009).

육(HAVO)과 예비대학교교육(VWO) 학급을 합친 의미에서 종합 학급 참여를 늘리면 고등교육 졸업도 증가할 것이라고 주장하는 연구도 있다(Van Elk, Van der Steeg & Webbink, 2011).

'수준별 편성'이 종합적 학교 시스템과 선별적 학교 시스템의 유일한 차이인 것은 아니다

학교 선택, 교사 선발, 교과과정 편성, 재정 조달 등 진로 결정의 제도적 맥락은 나라마다 다르다. 따라서 진로 결정의 영향도 나라마다 다르기에 연구 결과가 모호할 수 있다(Pekkarinen, Uusitalo & Kerr, 2009).

조기 진로 결정에도 불구하고, 네덜란드의 학업 성과는 평균적으로 양호하며 공평성 면에서도 그러하다

조기 진로 결정의 또래 영향으로 최하위 학생들의 성적은 떨어지고 최상위 학생들의 성적은 향상된다. 따라서 상하 양방향으로 성적 분포가 넓어질 것이라는 예상이 가능하다. 그러나 네덜란드에서는 이 가설과 뚜렷하게 배치되는 결과가 나왔다. 최상위에서 다소 실망스러운 결과가 도출되고 최하위에서 괄목할 만한 결과가 나온 것이다 (4장 참조). 2012년 국제학력평가 프로그램(PISA)에서 수학 점수가 낮은 네덜란드 학생의 비율은 15%(OECD 평균 23%)[3]로 가장 적은 편이었

---

3   여기서는 레벨 1 이하로 정의된다.

고, 다른 최우수 국가들과 비교했을 때에도 최하위 그룹의 평균 점수는 비교적 높았다. 마찬가지로 2012년 PISA 결과를 보면, 이민 가정 학생들과 토박이 학생들 간의 성적 차이가 이민 인구의 규모와 성격이 비슷한 다른 국가(예컨대 독일, 오스트리아, 스웨덴 등)보다 작았다. 따라서 조기 진로 결정이 공평성을 해친다는 비판의 주요한 논거는 네덜란드에서 유지되기 어렵다.

학교 선정과 진로 결정

각 진로 내의 성적 편차가 크고 진로 간에 성적 분포가 겹치는 점이 문제다

〈그림 3-1〉은 2012년 PISA[4]를 바탕으로 여러 학업 진로 간에 학생 성적을 비교 분석한 것이다. 그림에서 보듯이 각 진로 내 성적 편차가 매우 크고, 읽고 쓰기와 수리 성적 분포에서 진로 간에 겹치는 부분이 많다. 이것은 하위 진로에 배치된 상당수 네덜란드 학생의 인지능력이 '상위' 진로 학생들의 인지능력과 차이가 없다는 의미다. 이것의 한 예로, HAVO의 우수 학생 다수가 VWO의 하위 학생들과 성적이 비슷한 것을 들 수 있다.

---

4   실용적인 목적에서 VMBO-g와 VMBO-t를 합쳤다(VMBO-g의 PISA 표본 수가 아주 적다).

그림 3-1

2012년 PISA에 따른 교육 진로별 학생들의 인지력: 교육 진로별 PISA 수학 점수 분포

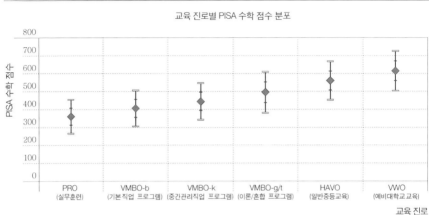

교육 진로별 PISA 수학 점수 분포

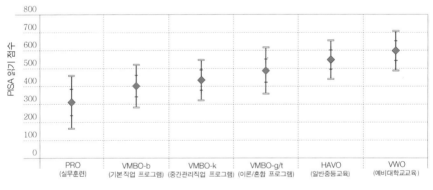

교육 진로별 PISA 읽기 점수 분포

주: 각 그래프의 중간점 아래위로 표시된 점은 표준편차를 가리킴.
자료: OECD PISA 2012 데이터베이스를 바탕으로 직접 계산함.

각 진로 내의 학교 차별이 상당하다

어느 학교 시스템이 되었든 학교가 일관되게 높은 수준을 확보하기란 매우 어렵다. 2012년 PISA 결과를 보면 각 진로 내 학생 성적의 총 편차는 상당 부분(평균적으로 약 20%) 학교 간 성적[5] 차이에서 기인한다. 성적 차이는 예비직업교육(VMBO-g/t) 진로에서 26%로 가장 심하다. 캐나다, 핀란드, 폴란드 등과 같이 종합 시스템하에서 교육성과가 우수한 국가들도 비슷한 결과가 나오는데, 이들 국가와 네덜란드의 뚜렷한 차이점은, 이들 국가는 시스템 차원의 결과이지만 네덜란드는 진로 차원의 결과라는 데 있다. 달리 말하면 이들 국가에서는 학교에 따른 학생 간의 성적 편차가 네덜란드보다 훨씬 덜하다.

일관성 없는 선정 기준의 문제

일관성 없는 선정이 진로 결정의 근거를 훼손한다

진로 결정을 뒷받침하는 근거는 '일정 수준의 인지력을 가진 학생은 학습 의욕과 동기를 충분히 부여하는 교육 프로그램에 따라 공부하는 것이 최적'이라는 가정에 있다. 그러나 OECD 분석이 시사하는 대로 자신의 인지력에 맞지 않는 교육 프로그램에 따라 공부하는 학생들이 상당한 비율을 차지한다. 다음의 두 가지 이유에서 진로 선정 과정이 관련 요인으로 작용한다.

---

5   이것은 PISA의 세 개 영역, 즉 읽고 쓰기, 수리 및 문제 해결을 합산한 성적이다. 추가 통계를 요청하면 입수할 수 있다.

①   초등학교 졸업 시험[6] 결과가 초등학교의 추천과 일관성 있게 연계된 적이 없고, 초등학교에서 중등학교 진학을 앞둔 학생에게 진로를 권고할 때 시험 점수가 어떻게 사용되는가는 천차만별일 수 있다. 똑같은 시험 점수를 가지고도 어떤 학교에서는 (또는 어떤 지역에서는) 학생들이 더 쉽게 상위 진로를 추천받지만, 좀 더 까다롭게 추천하는 학교도 있을 것이다(Education Council, 2014; Van der Werfhorst, 2014). 전반적으로 살펴보면 유독 대도시에서 자녀의 진로에 욕심을 부려 압력을 넣으려는 부모들이 초등학교 졸업 시험 결과를 '부풀리는' 경향이 있는데, 이 때문에 상위 진로를 추천받는 학생 비율이 늘어난다.

②   네덜란드의 중등학교는 자유롭게 학생을 선발하며 초등학교의 추천을 넘어서는 추가적 선발 요건을 부과한다. 예를 들어 일부 명문 독립 김나지움은 시토(CITO) 점수가 아주 높은 학생만 받아들인다. 중등학교는 교육 진도가 빠르고 그 결과를 향상시키라는 압력을 받기 때문에 자율성을 폭넓게 발휘해 더욱 선별적일 수 있다. 대개

---

6   각 학교는 달성하려 했던 핵심학습 목표에 학생들이 어느 정도 도달했는지 보고해야 한다. 학교가 다른 수단을 사용해 보고하는 것은 자유이지만, 대다수 학교가 시토(CITO)라는 초등학교 졸업 시험을 사용한다. 이 졸업 시험은 다음 단계 교육에서 각 학생에게 어떤 유형의 학교가 가장 적합한지에 관한 정보를 제공한다. 2014~2015학년도 이후 각 초등학교는 8학년 말의 최종 시험뿐 아니라 정기적인 학생 모니터링 시스템을 의무적으로 운영한다. 각 학교는 시토 시험을 실시하거나 중앙의 품질 요건만 충족한다면 시토 외의 다른 시험을 실시할 수도 있다(Nusche et al., 2014).

                      미래의 초석, 네덜란드 교육

이런 현상은 인기 있는 중등학교에서 일어나며 수요를 초과하는 인구 압력이 있는 지방에서 발생한다. 등록학생이 줄고 있는 학교라면 학생의 시험 점수에 좀 더 관대할 것이다. 따라서 똑같은 진로를 추천받더라도 거주지에 따라 자신이 원하는 진로로 입학 허가를 받는 것이 다소 쉽거나 어려울 수 있다.

교사 평가를 중시하는 최근의 개혁이 선정의 일관성을 제고하지는 않을 것이다

2014~2015학년도 이후 학생들의 교육 진로를 결정하는 주된 수단으로서 초등학교 졸업 국가시험보다 교사의 학생 인지력 평가를 더 중시하게 되었다. 이 개혁은 초등학교 졸업 시험 점수가 너무 제한적으로 사용된다는 관찰에 근거한 것이다. 이것의 한 예로, 시험 결과가 안 좋아도 유리한 쪽으로 진로 배치를 받은 학생이 공부를 잘해서 고등교육 수준에서 자격을 취득하는 경우가 빈번한 것을 들 수 있다(Education Council, 2014).

그러나 교사 평가에 대한 의존에는 편향과 비일관성의 위험이 따른다

이 개혁의 의도는 좋으나 그만큼 위험성도 크다. 초등학교 교사가 학생을 충분히 알아가면서 다방면에서 시간을 두고 평가하는 것이 원칙이지만, 이렇게 국가시험에서 교사의 평가로 방점을 옮겨가므로 비일관성이 심화될 수 있다. 그 이유는 다음과 같이 몇 가지이다.

① 교사가 아무리 자신의 학생들을 잘 안다 하더라도 그들을 전국적 표본과 비교할 수 있는 위치가 아니기 때문에 자신이 네덜란드 전체 교사보다 상위 진로를 추천하는지, 하위 진로를 추천하는지 통상적으로 알 수 없을 것이다.

② 교사의 판단이 유복한 가정의 아동들에게 유리한 쪽으로 편향되는 경우가 비일비재하다(Waldinger, 2006; 네덜란드에 관한 연구 결과는 Timmermans, Kuyper & Van der Werf, 2015 참조). 초등학교 졸업 시험 점수로 살펴볼 때 예상되는 진로보다 상위의 진로를 추천받는 학생들은 주로 네덜란드에서 높은 사회경제적 배경을 가진 학생들이다(Education Council, 2014).

③ 자녀를 위해 분명하게 따지고 드는 학부모의 압력을 받아 교사의 평가가 편향될 수 있다(Hillmert & Jacob, 2010; Van der Werfhorst & Hofstede, 2007). 이로 인해 불우한 환경의 아동들에게는 불리한 방향으로 평가가 내려질 위험이 크다. 현재 초등학교 졸업 시험은 학생의 중등학교 배치가 결정된 후인 학년말에 실시된다. 각 초등학교는 졸업 시험 결과가 당초의 추천보다 높을 때 추천을 조정할 수 있지만, 이런 일이 발생하는 경우는 드물다. 또한 교육 수준이 낮은 학부모는 낮은 수준의 학교를 추천받아도 좀처럼 이의를 제기하지 않는다(Korpershoek et al., 2016).

불공평한 진로 배치가 늘고 있다

진로 선정과 학생 배치를 분석한 교육감독청(Inspectorate of

Education, 2016)의 최근 보고서에 따르면 분명 불공평한 진로 배치가 늘고 있다. 초등학교 졸업 국가시험 성적이 똑같은데도 사회경제적 배경이 낮은 아이들이 유복한 또래 아이들보다 더 낮은 수준의 진로로 배치될 확률이 커지고 있다.

학교 선정 이후의 진로 변경

올바른 진로 결정을 위해서는 처음 학교를 선택할 때부터 효과적으로 해야 하며 추후 교육적 진로를 변경할 수 있어야 한다

학생마다 기량이 향상되는 속도가 다르기 때문에 특정 시점에 시행된 평가만으로 나중의 성적을 정확하게 예측할 수는 없다. 앞서 언급한 여러 이유에서 최초의 진로 결정이 잘못되기 쉽다면, 추후 진로를 변경할 수 있는 가능성을 더욱 열어두어야 한다. 이는 계층화된 교육 시스템에서 최초의 진로 결정을 성적에 따라 조정할 수 있는 효과적인 메커니즘이 필요하다는 것을 의미한다(Checchi & Flabbi, 2007; Jakubowski & Pokropek, 2015). 네덜란드에서 상위 진로로 전학할 수 있는 잠재력을 가진 학생은 두 가지 도전 과제를 안고 있다. 첫째는 하위 진로에서 배움의 기회와 기대가 감소했다는 것이 잠재력이 개발·실현될 수 없음을 의미할 수 있다는 것이며, 둘째는 전학을 막는 직접적 장애물이 있을 수 있다는 것이다(이에 관해서는 다음 절에서 논의한다).

국가 학습 목표와 국가시험에 따라 진로 프로그램이 결정된다

국정 교과과정이 없기 때문에 교사들은 교육문화과학부가 규정한 국가 학습 목표와 더불어 중앙에서 시행하는 중등교육 졸업 시험을 지침으로 삼아 담당 학생들의 학습 목표를 설정한다. 계층화에 따라 중등교육의 각 진로별 학습 목표가 다르게 설정되며, 그에 따라 가르치고 검증할 내용이 정해진다. 교육 진로가 상당히 다양하기 때문에 진로 간 이동성은 민감한 교습 실무와 함께 학습 목표가 진로별로 얼마나 가지런히 정렬되어 있는지, 그리고 상위 진로로의 승급이 얼마나 쉬운지에 달려 있다. 학생들의 인지력 수준이 진로 간에 중첩된다는 점에서 정렬 단계는 매우 중요하다. 잠재적 능력보다 기대 수준이나 교과과정 면에서 떨어지는 학교를 다니는 것은 학생의 재능이 충분히 활용되지 못한다는 것을 의미한다.

상위 진로로의 승급을 막는 실제적인 장애물이 늘고 있다

상위 진로로 승급하려는 학생은 흔히 하위 진로에서 공부하지 못한 과목을 따라잡기 위한 추가적인 지원을 필요로 한다. 어떻게 추가 지원할지는 각 학교의 재량이어서 학교마다 다양하게 시행된다. 일부 HAVO 학교는 추가적인 편입 기준을 도입했는데, 그중에는 학습 목표를 따라잡기 위해 '회복(reparatory)' 수업을 받도록 요구하는 곳도 있다. 모든 학생에게 늘 지원되는 것은 아니므로 결국 학생들이 실제로 얼마나 학습 의욕을 가지고 있느냐가 성공을 결정하는 핵심 요인이다. 한 학교 내에 예비직업중등교육(VMBO), HAVO, VWO 과정이 모두 있는 대형 학교가 줄고 있는 것도 영향을 미친다. 지난 수년간 네덜란드에서는 학교 유형별로 분리된 학교(예를 들어 하나의 VMBO 학교)를 설립하는 추세가 전국적으로 나타났다. 이것은 상위 진로로 승급하려는 학생들에게 추가적인 장애물로 작용한다(Inspectorate of Education, 2016). 이러한 장애물들 때문에 현행 시스템에서는 직업 진로에서 일반 진로로 상향 이동하는 학생이 소수에 불과하며 그중 상당 비율은 상위 레벨에서 졸업장을 따는 데 실패한다. 예컨대 데이터를 보면 HAVO로 편입한 VMBO 학생의 약 25%가 HAVO 졸업장을 취득하지 못한다(Inspectorate of Education, 2015).

진로 변경을 뒷받침하려면 차별화된 탄탄한 교습 기량이 필요하다

개별 학생을 평가하고 잠재력을 키우며 유능한 학생을 상위 진로로 승급시키는 교사의 능력은 시스템의 투과성(진로 간 이동성)을 높이는 핵심 요소다(Jakubowski & Pokropek, 2015). 이는 교사라면 진로가 고도로 분화된 시스템에서도 차별화된 탄탄한 기량을 갖추어야 함을 의미한다. 처음의 진로 결정만으로 동질적인 학급을 편성했다고 확실하게 말할 수 있는 학교가 없기 때문이다. 학생들은 제각각 발전하기 때문에 일부 과목에서는 뛰어날지 몰라도 다른 과목에서는 그렇지 않을 수 있다. 그러나 학생을 체계적으로 평가한 뒤 필요한 학습에 따라 개별적으로 수업을 차별화하는 교사는 많지 않다(5장 참조). 공부와 씨름하는 학생들에게 그때그때 적절히 대응하지 못할 정도로 수업이 허술하다면, 결국 그 학교 학생들 모두 성적이 저조해져 유급하거나 하향 전학할 것이다. 마찬가지로 (잠재적으로) 반에서 성적이 가장 우수한 학생들도 도전적인 학습 의욕이 떨어져 상위 레벨 과목을 수강하지 못하게 되거나 상위 진로로 승급하기 위한 시도조차 못할 수 있다. 따라서 미숙한 교습 기량이 진로의 하향 이동에 압력을 가해 학생들의 하향 전학이 쉽게 이루어지며 진로 승급도 매우 어려워질 수 있다.

유급과 하향 전학

중등교육 학생의 4분의 1이 유급하거나 하향 전학한다

중등학교에 진학할 때 적용되는 진로 배정 기준에 일관성이 없다는 점을 감안할 때, 시스템 내의 모든 행위자가 각 진로에서 학생들을 추가로 '걸러내는 작업'을 할 가능성도 생각해볼 수 있다. 불행하게도 이러한 점은 바람직하지 않은 방향으로 작용해, 교사는 학습을 어려워하는 학생들이 기존의 학업을 지속할 수 있도록 돕는 표적 지원을 소홀히 하게 된다. 흔히 유급은 최종적으로 좋은 결과[7]를 얻기 위해 필요한 대가나 하향 전학의 좋은 대안으로 간주된다. 유급하는 학생들에게는 동일한 진로와 동일한 학년에서 1년의 숙성 시간이 추

---

7   이것은 네덜란드 사회가 유급의 이점을 강하게 믿는다는 점에서 분명하다(Goos et al., 2013).

미래의 초석, 네덜란드 교육

가로 '제공'된다. 충분한 실력을 갖추지 못한 채 다음 학년으로 올라가면 실패할 위험성이 커지고, 성취도가 낮은 학생들은 더욱 어려워진 학습 과제들을 처리할 수 없어 좌절하게 된다는 것이 일반적인 인식이다(Ikeda & Garcia, 2014). 그러나 어느 학급에서든 공부를 힘겨워하는 학생들이 있게 마련이며 그런 학생들을 1년 유급시키거나 하향 전학시키는 것만이 최선의 접근법은 아니다. 또 그런 학생들도 수업 중이나 방과 후 또는 여름학교에서 추가적인 지원을 받으면 성공할 수 있다.

권고 2~4: 최초의 학교 선정 과정과 추후 진로 변경 가능성을 개혁하라

권고 2: 개혁 패키지의 일환으로 조기 진로 결정의 범위를 줄이는 방안을 고려하라

조기 진로 결정의 범위를 잠재적으로 줄여라

네덜란드의 조기 진로 결정 시스템이 가진 문제점은 점차 커지고 있다. 최초 진로 선정은 너무 가변적으로 이루어지며, 최근 일부 추세와 정책 전개로 인해 조기 진로 결정을 관리하는 과제에도 부담이 가중되었다. 한 예로 상위 진로로 승급하기가 점점 어려워지고 있는데, 이는 잘못된 배치를 시정하는 범위가 줄고 있음을 의미한다. 또한 각 진로별 재학생의 인지력 분포에서 겹치는 부분이 많은데 이러한 이슈는 조기 진로 결정의 내재적 결함을 예시하는 것으로 이에 따라 진로 결정을 줄이고 종합 교육을 확대하는 방향으로 시스템을 개혁해야 한다는 주장이 나올 수 있다. 이러한 주장은 일리가 있다고 인정되지만, 네덜란드 교육 시스템이 전반적으로 양호한 성과를 낸다는 점에서 근본적인 전면 개혁은 어려울 것이다. 이렇게 보는 이유는 조기 진로 결정이 학구적 진로 선택뿐 아니라 일부 학생들의 응용 분야 선호를 어느 정도 반영한다는 데 있다. 과거 네덜란드에서 교육 시스템을 근본적으로 바꾸려는 시도[8]가 있었지만 대개 비생산적이고 비용이 많이 들었다(Van der Werfhorst, Elffers & Karsten, 2015). 그러나 진로의 수를 줄이거나 가장 처음으로 진로를 결정하는 나이를 늦추기 위한 좀 더 온건한 방안을 잠정적으로 개혁안에 포함시켜야 할 것이다.

권고 3: 객관적인 국가시험에 입각해 학생의 진로 결정권을 보장하고, 진로별로 학생을 선발해 후속 뒷받침을 제공할 때 학교가 국가시험 기준을 따르도록 요구하라.

일관된 진로 결정 기준과 현장 의사 결정 사이에 갈등이 있다
조기 진로 결정 시스템의 완전성이 도전을 받고 있다. 학생 성

---

8   예컨대 '바시스포르밍(Basisvorming)' 개혁을 통한 1999년의 근본적인 시스템 변경 등이 해당된다.

적에 따라 특정 진로를 추천하는 진로 결정의 중심 원칙과 진로 배정을 현장 행위자의 매우 가변적인 재량에 맡기는 현장 의사 결정 사이에는 갈등(혹자는 모순이라고 부른다)이 따른다. 의사 결정의 완정성을 유지하려면 현장 행위자의 재량을 대폭 제한해야 한다.

표준화된 국가시험에 입각해 진로를 결정하라

객관적인 진로 결정을 위해서는 단일한 초등학교 졸업 국가시험이 필요하다. 따라서 현재의 능력보다 더 넓은 범위의 능력까지 검사할 수 있는 시험으로 확대하는 방안을 강구해볼 수 있다. 각 진로 수준별로 요구되는 점수에 관해 전국적으로 객관적인 표준을 정한 뒤, 그에 따라 진로를 결정할 수 있도록 해야 한다. 또한 학생을 배출하는 초등학교 교사와 그들을 수용하는 중등학교의 현장 재량권이 비일관성과 편향을 초래하므로 이러한 재량권을 결정에서 배제해야 한다. 이렇게 이루어지는 투명한 시스템이라면 모든 학생에게 공정할 것이다.

시스템을 시행할 때는 현장 조정을 거쳐야 한다

진로를 결정하는 데 공통된 표준을 적용하려면, 각 학교가 이를 준수해야 하고 국가적으로 합의된 표준을 충족하는 모든 학생을 수용해야 한다. 또한 가장 처음 진로를 결정한 다음에도 자체적으로 선발 기준을 두었던 각 학교의 재량권을 제한해야 한다. 학생 수급을 관리하기 위해서는 현장의 조정이 필요한데, 이는 모든 학생이 각자의 시험 결과대로 현지 학교의 특정 진로에 입학할 수 있는 권리를 보장하기 위한 것이다.

학생을 유급시키거나 하향 전학시킬 수 있는 학교의 권한도 엄격히 제한되어야 한다

만일 학교의 재량권에 일정한 제한을 두지 않는다면 학교가 학생을 수용한 뒤 바로 한 학년 아래나 한 단계 낮은 진로로 밀어내, 이른바 현장 재량권으로 국가 시스템의 목표가 무너질 위험이 있다. 따라서 하향 전학과 유급에 관해서 학교의 재량권에 제한을 두는 것은 학생의 권리 측면에서 바람직하다. 학교 공부가 버거운 학생들에게 맞춤형 지원을 제공하는 대안적인 조치와 비교해볼 때, 유급은 비용이 많이 들고 상대적으로 효과가 적은 법이다. 그러나 네덜란드에서는 하향 전학보다 유급이 더 선호되고 있으며 이는 유급에 대한 최고의 옹호 논리로 작용한다.

학교교육 정책의 개혁을 차별화된 교습의 강화와 연계시키는 선순환이 필요하다

차별화된 교습 기량을 강조하는 교습 실무 개혁은 구조적 개혁과 함께 서로를 강력하게 촉진하고 지원한다. 유급과 하향 전학의 비율을 줄이려면 특정 진로에서 어려움을 겪는 학생이 해당 과정을 잘 성취해내도록 대안적 개입을 통한 지원에 좀 더 관심을 기울여야 한다. 이러한 차별화된 교습 기량의 중요성은 4장과 5장에서 자세히 언급할 것이다. 교습 기량을 차별화함으로써 학생들이 유급이나 하향 전학하지 않도록 학교가 적극적으로 혁신적 해법을 추구하고 개발하도록 선순환을 창조해야 한다. 중앙의 교육문화과학부는 이러한 창조를 지원하기 위해 모종의 지원 방안을 강구할 필요가 있다.

권고 4: ① 재학 중 상향 진로 이동을 용이하게 하고, ② 일부 진로를 통합함으로써 모든 진로 간의 변경 가능성을 넓혀라.

진로 승급이 원활히 이루어지도록 각 진로의 교과과정과 학습 목표를 가지런히 정비해야 한다

최초 진로 선정이 성공적으로 이루어지는 때에도 일부 '대기만성형' 학생들을 상위 진로로 승급시킬 수 있어야 한다. 현재 교육 진로별로 각기 다른 교육 기회가 결합되어 있고, 특히 직업교육과 일반교육 간에 격차도 크다. 이는 '대기만성형' 학생을 발굴하더라도 교과과정 격차를 극복해야 함을 의미한다. 따라서 교과과정과 학습 목표를 편성할 때부터 진로 승급 가능성을 감안해서 편성할 필요가 있다.

재정적 유인으로 중등학교의 대형화를 촉진하라

진로 승급을 촉진하기 위해서는 VMBO, HAVO, VWO 과정을 모두 갖춘 대형 학교가 점차 감소하고 있는 추세를 역전시킬 필요가 있다. 한편으로 보면 중등교육 학생 수가 감소할 것이라는 예측은 중등학교 재정 지원에 포함된 재정적 유인책을 통해 학교의 대형화를 촉진해야 하는 추가적인 이유이자 기회이기도 하다.

일부 진로를 통합하는 것이 유용하다

선택 가능한 진로의 수를 줄이고 관리할 경계선의 수도 줄이면 진로 변경이 한층 수월할 것이다. 진로 수가 줄어든다면 진로별 학생들의 인지력 분포에서 중첩되는 부분도 대폭 감소할 것이다. 이미 네덜란드에서는 진로 통합을 위한 여러 옵션에 관한 정책 토론이 활발히 진행되고 있으며, OECD는 네덜란드의 직업 교육·훈련을 검토하면서 기본직업 프로그램(VMBO-b)과 중간관리직업 프로그램(VMBO-k)의 통합을 권고한 바 있다(Fazekas & Litjens, 2014). 일부 진로의 통합은 앞서 언급한 방안과 함께 모든 학생이 올바른 진로를 택하도록 보장하는 데 도움이 될 것이다.

참고문헌

Bol, T. et al. 2014. "Curricular tracking and central examinations: Counterbalancing the impact of social background on student achievement in 36 countries." *Social Forces*, Vol. 92, No. 4, pp. 1545~1572.

Brunello, G. and D. Checchi. 2007. "Does tracking affect equality of opportunity? New international evidence." *Economic Policy*, Vol. 52, pp. 781~861.

Checchi, D. and L. Flabbi. 2007. "Intergenerational mobility and schooling decisions in Germany and Italy: The impact of secondary school tracks." *IZA Discussion Paper* No. 2876.

Education Council. 2014. *Overgangen in het onderwijs(Transitions in Education)*, The Hague: Education Council. www.onderwijsraad.nl/publicaties/2014/overgangen-in-het-onderwijs/item7085.

_____. 2010. *Vroeg of laat: Advies over de vroege selectie in het Nederlandse onderwijs*(Early or Late: Advice about Early Tracking in the Dutch Educational System). Den Haag: Minister en aan de Staatssecretaris van Onderwijs, Cultuur en Wetenschap. www.onderwijsraad.nl/upload/documents/publicaties/volledig/vroeg-of-laat.pdf

Fazekas, M. and I. Litjens. 2014. *A Skills beyond School Review of the Netherlands*. OECD Reviews of Vocational Education and Training. Paris: OECD Publishing. http://dx.doi.org/10.1787/9789264221840-en

Figlio, D. N. and M. E. Page. 2002. "School choice and the distributional effects of ability tracking: Does separation increase inequality?" *Journal of Urban Economics*, Vol. 83, pp. 497~514.

Goos, M. et al. 2013. "How can cross-country differences in the practice of grade retention be explained? A closer look at national educational policy factors." *Comparative Education Review*, Vol. 57, No. 1, pp. 54~84.

Hallinan, M. 1994. "Tracking: From theory to practice." *Sociology of Education*, Vol. 67, No. 2, pp. 79~84.

Hanushek, E. and L. Woessmann. 2006. "Does education tracking affect performance and inequality? Differences-in-differences evidence across countries." *The Economic Journal*, Vol. 116, pp. C63~C76.

Hillmert, S. and M. Jacob .2010. "Selections and social selectivity on the academic track: A life-course analysis of educational attainment in Germany." *Research in Social Stratification and Mobility*, Vol. 28, pp. 59~76.

Hoxby, C. 2000. "Peer effects in the classroom: learning from gender and race variation." *NBER Working Paper*, No. 7867.

Inspectorate of Education. 2016. *The State of Education in the Netherlands in 2014~2015*. Utrecht: Inspectorate of Education. www.destaatvanhetonderwijs.nl/binaries/staatvhonderwijs/documenten/rapporten/2016/04/13/svho-2014-2015/de-staat-van-het-onderwijs-2014-2015.pdf

_____. 2015. *The State of Education in the Netherlands in 2013~2014*. Utrecht: Inspectorate of Education. www.onderwijsinspectie.nl/binaries/content/assets/publicaties/2015/08/the-state-of-education-in-the-netherlands-2013-2014---printable-version.pdf

Ikeda, M. and E. García. 2014. "Grade repetition: A comparative study of academic and non-academic consequences." *OECD Journal: Economic Studies*, Vol. 2013, NO. 1. http://dx.doi.org/10.1787/eco_studies-2013-5k3w65mx3hnx

Jakubowski, M. and A. Pokropek. 2015. "Reading achievement progress across countries." *International Journal of Educational Development*, Vol. 45, pp. 77~88.

Korpershoek, H. et al. 2016. "Overgangen en aansluitingen in het onderwijs: Deelrapportage 1: reviewstudie naar de po-vo en de vmbo-mbo overgang"(Transitions and alignment in education: Report part 1: Review study of the po-vo and vmbo-mbo transitions).

Groningen: GION Onderwijs/Onderzoek. www.rug.nl/research/portal/publications/overgangen-en-aansluitingen-in-het-onderwijs(f9477df4-e358-400b-bab7-9c989536825e).html

Korthals, R. 2015. *Tracking Students in Secondary Education: Consequences for Student Performance and Inequality*. Dissertation. Maastricht: Universiteit Maastricht.

Lazear, P. 2001. "Educational production." *The Quarterly Journal of Economics*, Vol. 116, No. 3, pp. 777~803.

Nusche, D. et al. 2014. *OECD Reviews of Evaluation and Assessment in Education: Netherlands 2014*. OECD Reviews of Evaluation and Assessment in Education. OECD Publishing. http://dx.doi.org/10.1787/9789264211940-en

Pekkarinen, T., R. Uusitalo and S. Kerr 2009. "School tracking and development of cognitive skills." *IZA Discussion Paper*, No. 4058.

Prokic-Breuer, T. and J. Dronkers. 2012. "The high performance of Dutch and Flemish 15-year-old native pupils: Explaining country differences in math scores between highly stratified educational systems." *Educational Research and Evaluation*, Vol. 18, pp. 749~777.

Sund, K. 2013. "Detracking Swedish compulsory schools: Any losers, any winners?" *Empirical Economics*, Vol. 44, No. 2, pp. 899~920.

Timmermans, A. C., H. Kuyper and G. van der Werf. 2015. "Accurate, inaccurate, or biased teacher expectations: Do Dutch teachers differ in their expectations at the end of primary education?" *British Journal of Educational Psychology*, Vol. 85, No. 4, pp. 459~478.

Van der Steeg, M., N. Vermeer and D. Lanser. 2011. "Nederlandse onderwijsprestaties in perspectief"(Educational achievement in the Netherlands). *CPB Policy Brief.* The Hague: Centraal Planbureau. www.servicecenter.aob.nl/kixtart/modules/absolutenm/articlefiles/48100-cpb_policy-brief_-nederlandseonderwijsprestaties.pdf

Van der Werfhorst, H. G. 2014. 6. 1. "Sociale ongelijkheid in de overgang van het basis- naar het voortgezet onderwijs"(Social inequality in the transition from primary to secondary education). Blog to be found on, www.hermanvandewerfhorst.socsci.u

va.nl/blog/education/ieo/

Van der Werfhorst, H., L. Elffers and S. Karsten(eds.). 2015. *Onderwijsstelsels vergeleken: leren, werken en burgerschap*(Education Systems Compared: Learning, Working and Citizenship). Meppel: Ten Brink.

Van der Werfhorst, H. G. and S. Hofstede. 2007. "Cultural capital or relative risk aversion? Two mechanisms for educational inequality compared." *British Journal of Sociology*, Vol. 58, pp. 391~415.

Van Elk, R., M. van der Steeg and D. Webbink. 2011. "Does the timing of tracking affect higher education completion?" *Economics of Education Review*, Vol. 30, No. 5, pp. 1009~1021.

Waldinger, F. 2006. "Does tracking affect the importance of family background on students' test scores?" Unpublished manuscript. London School of Economics.

4

학습 의욕 고취와 탁월성 추구

BUILDING STUDENT MOTIVATION AND PURSUING EXCELLENCE IN THE NETHERLANDS

네덜란드에서 가장 전도유망한 일부 학생들이 자신의 잠재력을 충분히 발휘하지 못하고 있다는 우려가 커지고 있다. 네덜란드는 다른 유럽 국가에 비해 최상위 학생의 비율이 높지만, 집단과 상관없이 모든 학생의 학습 의욕을 고취해야 한다는 중요한 도전 과제를 안고 있다. 네덜란드 정부가 최고 영재들의 학습 의욕과 성적을 제고하기 위해 노력을 기울이는데도 불구하고, 최상위 학생들은 문제 해결을 위한 인내심과 열린 태도를 결여하고 있다. 4장에서는 이러한 도전 과제를 검토하면서 모든 교육 수준에서 탁월성에 대한 보상을 강화할 수 있는 방안을 모색하고, 학습 의욕을 고취해 학습의 탁월성을 높이는 데 부모가 어떤 역할을 해야 하는지 살펴본다.

수준 높은 기량이 왜 중요한가

뛰어난 기량은 네덜란드 경제를 위해 중요하다

네덜란드 같은 선진국의 경제성장은 고숙련 근로자들과 최고 인재들에게 달려 있다(Daron, 2002). 유럽직업훈련개발센터(CEDEFOP)의 추정에 따르면, 2025년에 네덜란드 일자리의 3분의 1 이상(34%)이 전문직(과학, 엔지니어링, 보건, 교직의 고급 직업)일 것으로 예측되었다. 이것은 EU 28개국 전체의 24%보다 훨씬 높은 수치이며, 아마도 2년제 대학 이상의 고등교육을 받은 사람들이 대부분의 전문직을 차지할 것이다(CEDEFOP, 2015). 또 다른 연구에 따르면 하이테크 일자리 한 개를 창출할 때마다 비숙련 노동자들을 위한 일자리가 네 개씩 추가로 창출된다(Goos, Konings & Vandeweyer, 2015). 게다가 고숙련 노동자들은 혁신을 일으키고 기술 진보를 촉진한다.

그러나 최고 성적자가 항상 최고의 숙련 노동자가 되는 것은 아니다

수학·언어·과학 분야의 표준화된 시험 성적이 장래 소득이나 다른 긍정적인 결과들과 갖는 상관관계는 높지만 이것 외에 비인지적 기량도 한몫한다(OECD, 2015; Borghans, Diris & ter Weel, 2014). 직무 성과, 건강, 개인 행복과 관련이 있다고 자주 인용되는 것으로서 감성지능, 사교능력, 동기부여, 추진력, 인내력이 있는데(O'Boyle et al., 2011; Goleman, 2005; Mischel, 2014) 관련된 기량은 다양하고 유동적이지만 교육 시스템은 이런 비인지적 기량을 아주 진지하게 보지는 않는다는 것이 중론이다(OECD, 2015).

탁월한 인지력

최상위 학생들의 성적이 취약하다는 우려가 점증했다

2008년 이전까지만 해도 네덜란드 학교 시스템의 우려 사항으로 탁월성이 거론되는 경우는 드물었고 대신 재능 있는 학생은 '어쨌든 배우게' 된다는 일반적인 믿음이 팽배했다(De Boer, Minnaert & Kamphof, 2013: 134). 그러나 네덜란드 교육문화과학부는 상위 학생들의 실제 성적에 관한 최근의 우려를 감안해 이 문제에 대처하려고 시도하고 있다. 그것의 일환으로 추진된 것이 초등학교와 중등학교의 영재교육을 강화하기 위해 수립된 2014년 계획이며 이 계획에는 20여 가지 조치가 포함되어 있고 학생들이 상위 레벨에서 특정 과목을 수강할 수 있도록 법적 장애물을 제거하는 조치도 있다(Wolfensberger, 2015).

네덜란드의 최상위 학생 비율은 대부분의 유럽 국가보다 높지만 일부 아시아 국가에 비하면 낮다

네덜란드 학생들의 일반적인 성적은 OECD 평균보다 높지만 최상위 학생들(성적순으로 상위 5% 내)의 우위는 상대적으로 덜하다(〈그

그림 4-1

OECD 평균과 비교한 네덜란드 학생들의 성적 우위

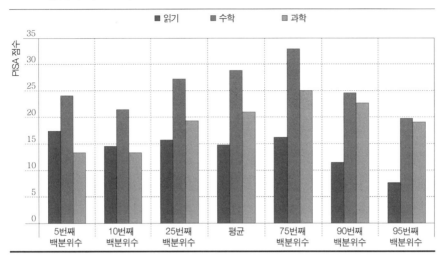

자료: OECD(2014)를 바탕으로 자체 계산함.

림 4-1〉 참조). 그러나 대부분의 경우 이러한 차이는 통계적으로 무의미
할 만큼 작다. 탁월성을 살펴볼 수 있는 다른 방법은 절대 표준에 따
른 '최상위 학생'의 비율을 조사하는 것이다. 이렇게 비교한 결과를
보면 네덜란드는 인지력 면에서 유럽 국가들보다 낮지만 아시아의 일
부 교육 강국에는 뒤떨어진다.

- 수학: 2012년 국제학력평가 프로그램(PISA)의 수학 부문에서 숙
  달 레벨 5나 6에 해당하는 점수를 받은 15세 네덜란드 학생은 19%
  로, 13%가 채 안 되는 OECD 평균보다는 높지만 싱가포르(40%),
  한국(31%), 일본(24%)보다는 낮다.

- 읽기: 레벨 5나 6을 받은 네덜란드 학생은 약 10%로 OECD 평균 (8%)보다는 높지만 싱가포르(21%), 일본(18%), 한국(14%), 뉴질 랜드(14%), 캐나다(13%), 핀란드(13%), 프랑스(13%), 오스트레일 리아(12%), 벨기에(12%)보다는 낮다.
- 과학: 레벨 5나 6에 도달한 네덜란드 학생은 약 12%로 싱가포르 (23%), 일본(18%), 핀란드(17%)보다 낮다.

성적 분포 전반에 걸쳐 수학 성적이 하락했다

네덜란드의 PISA 수학 점수는 2003년과 2012년 사이에 약 15 점이 하락했으며(OECD, 2014: 〈표 1.2.3b〉), 성적 분포 전반에 걸쳐서도 하락했다(OECD, 2014: 〈표 1.2.3d〉). 2003년에는 약 25%의 학생이 PISA 에서 숙달 레벨 5 이상의 점수를 받았지만, 2012년에는 20% 미만의 학생만이 PISA에서 이 레벨을 받았다. 이와 비슷한 변화는 최하위 학 생들 가운데서도 관찰되었다.

그러나 네덜란드의 고숙련 성인 비율은 다른 상위 국가들과 비 슷하다

OECD의 국제성인역량평가 프로그램(PIAAC)의 산물인 2012년 성인기량조사에 따르면 네덜란드의 고숙련 성인 비율은 다른 최상위 국가들만큼 높다. 게다가 상위 5%에 해당하는 최상위 성인들의 성적 은 〈그림 4-2〉의 4개국 중에서 3개국 성인들과 비슷했다(핀란드 성인들 의 점수는 상당히 높았다). 수리 능력에서도 비슷한 결과가 나왔다(OECD,

그림 4-2

읽고 쓰기 점수의 평균과 비교한 우위, 2012년 국제성인역량평가 프로그램(PIAAC)

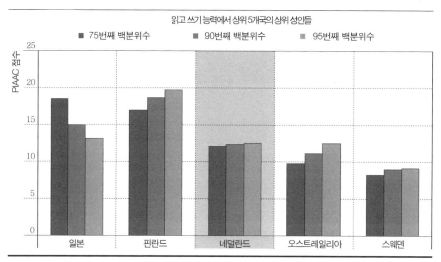

자료: OECD(2013a)를 바탕으로 자체 계산함.

2013a). 특히 네덜란드의 젊은(16~24세) 성인들의 성적이 우수했는데, 참가국 가운데 읽고 쓰기 능력에서 3위를 차지했고, 수리 능력에서는 2위를 차지했다. 이를 재학생 결과와 대조해보면 성인 초기에 높은 수준으로 따라잡은 사람들이 일부 있다는 것을 알 수 있다. 이것은 아마도 네덜란드에서 학교를 다니다가 직장으로 전환하는 것이 순조롭다는 사실과 관련이 있을 것이다.

전국 조사에 따르면, 일부 유망한 학생들은 자신의 잠재력을 충분히 발휘하지 못하고 있다

표 4-1

예비대학교교육(VWO)을 적시에 졸업하기 위해 정규 스케줄을 따르는 학생 비율(%)

시토 점수	정규 스케줄을 따르는 연차별 학생						
	1년 차	2년 차	3년 차	4년 차	5년 차	6년 차	VWO 졸업
545	90.3	79.7	63.8	52.8	44.5	39.5	36.3
546	92.6	78.7	65.5	57.3	49.4	45.5	43.1
547	94.5	84.9	74.6	66.9	55.8	54.0	50.7
548	95.6	89.1	80.2	72.3	68.1	63.3	60.4
549	98.1	96.2	91.4	85.4	79.7	73.9	71.5
550	98.6	97.2	94.4	91.1	87.7	82.3	80.9

주: 시토(CITO) 테스트는 초등학교 졸업 시험으로서, 다음 교육 단계에서 각 학생에게 어떤 유형의 학교가 가장 적합한지에 관한 정보를 제공한다. 각 학교는 학생들이 기대되는 핵심학습 목표에 어느 정도 도달했는지 보고해야 한다. 다른 수단을 사용해 보고하는 것은 학교의 자유이지만, 대다수 학교가 시토(CITO)라는 초등학교 졸업 시험을 사용한다.

자료: Kuyper & Van der Werf(2012).

우수 학생의 궤도에 관한 한 코호트(집단) 조사(Kuyper & Van der Werf, 2012)에 따르면, 초등학교를 졸업하는 우수 학생[1] 가운데 4분의 1에서 3분의 1은 상위 진로 레벨에서 예견된 시간 내에 학위를 취득하지 못한다(〈표 4-1〉). 이 집단 내에서도 특히 사회경제적 배경이 낮

---

[1] 퀴페와 판 데 베르프(Kuyper & Van der Werf)는 성적 분포에서 상위 5%에 드는 학생을 우수 학생으로 정의한다. 그리고 우수 학생을 가리기 위해 ① 초등학교 졸업 시에 시행되는 시토(CITO)테스트, ② 중등교육 입학시험, ③ 지능 테스트 니오(NIO)라는 세 가지 테스트 결과를 사용한다. 연구는 'Voortgezet Onderwijs Cohort Leerlingen(VOCL)' 데이터에 근거한다.

은 학생들은 재학 중 유급하거나 하향 전학하기 쉽다. 연구 결과에 따르면, 학생들은 중등교육을 받으면서 탁월한 능력을 발휘할 수 있는데도 잠재력을 충분히 발휘하지 못하고 있다는 심각한 불일치 문제가 있다. 한 메타분석 연구에 따르면 우수 학생들은 1학년 때부터 일찍이 도전 의식을 충분히 북돋아주어야 하지만 실제 그렇지 못한 경우가 많다(Mooij & Fettelaar, 2010).

네덜란드 학생들의 낮은 학습 의욕

최상위 학생들의 낮은 학습 의욕과 투지는 잠재적 이슈다

연구에 따르면 학습 의욕은 성적을 향상시키는 핵심 동인이다 (Broussard & Garrison, 2004; Gottfried, Flemming & Gottfried, 2001; Lange & Adler, 1997). 학생이 학업에서뿐 아니라 실생활에서도 성공하려면 기꺼이 문제와 씨름하고 새로운 도전을 받아들일 수 있어야 한다. 그러려면 배우는 즐거움(내재적 학습 의욕)을 느낄 수 있어야 하고 의욕과 투지가 살아나야 한다. 또한 좋은 성적이 인생(외재적 학습 의욕)에서 중요하다고 믿어야 한다. 아동에게 학습 의욕은 훗날 인생에서 동기부여로 작용하기 때문에 매우 중요하다(Broussard & Garrison, 2004; Gottfried, 1990). 7~8세 때 내재된 학습 의욕이 지능지수, 성취, 사회경제적 지위 등을 배제하고서도 훗날 동기부여로 작용한다는 사실이 밝혀졌다 (Gottfried, 1990). 학년이 올라갈수록 학습 의욕은 점차 차별화되며 학생들은 장기적으로 탁월함을 나타내는 활동에 더 큰 가치를 부여하는 경향이 있다. 이것은 학생들이 성공을 경험한 과목에서 더욱더 학습 의욕을 느낀다는 것을 시사한다(Eccles & Wigfield, 2002). 학습 의욕이 학과목별로 차별화되는 현상은 학년이 올라갈수록 두드러지며, 특히 고학년일수록 내재적 학습 의욕이 과목별로 다르게 나타난다는 사실이 밝혀졌다(Guay et al., 2010).

네덜란드에는 학습 의욕이 낮은 학생들이 많다

2012년 PISA에 따르면, 수학 공부가 흥미롭다고 답하거나 즐겁다고 답한 네덜란드 15세 학생의 비율은 참가국 가운데 가장 낮았다. 또한 2009년 PISA에 따르면, 네덜란드 15세 학생의 약 50%가 전혀 독서를 즐기지 않으며 약 20%만 하루 30분 이상 독서했다. 다른 OECD 국가에 비해 네덜란드 학생들은 어려운 문제를 끝까지 풀려는 의지가 약하고 시작한 일에 흥미를 오래 느끼지 못하며 복잡한 문제를 기피하는 경향이 있다(OECD, 2013b).

최상위 학생들의 학습 의욕이 다른 OECD 국가보다 낮다

OECD 국가를 통틀어 대개 최상위 학생들에게서는 높은 학습 의욕이 나타난다. 네덜란드의 경우, 최상위 학생들의 학습 의욕은 하위 학생들보다는 높지만 OECD 평균보다는 훨씬 낮았다. 수학 과목의 경우 레벨 2 이하의 점수를 받은 학생들의 내재적 학습 의욕은 마이너스였지만 레벨 5나 6을 획득한 학생들의 지수는 OECD 평균에 가까웠다. OECD 국가를 통틀어 하위 학생들의 지수는 마이너스지만 상위 학생들의 지수는 (특히 핀란드, 한국, 스위스에서) 플러스였다(OECD, 2013b: 〈표 III.3.8〉).

또한 최상위 학생들은 문제 해결에 대한 적극적인 자세와 인내심이 부족하다

2012년 PISA에 따르면, 네덜란드 수학성적 최상위 학생들의 열심히 노력해서 어려운 문제를 풀려는 의지는 대다수 OECD 국가보다 훨씬 부족하다(OECD, 2013b: 〈표 III.3.8〉). 반대로 네덜란드 최하위 학생들의 문제 해결에 대한 적극적인 자세와 인내심은 OECD 평균에 가깝다. 이는 문제 해결에 대한 적극적인 자세와 인내심이 최상위 학생 그룹에서 매우 부족하다는 점을 시사한다.

학습 의욕 고취가 새로운 도전 과제다

학교와 교사는 학생들이 공부하는 법을 배우고 문제를 해결하려는 의지를 키우며 열심히 끈질기게 노력하도록 도울 수 있다. 2012년 PISA에 따르면, 부모가 자녀의 공부에 관심을 갖는 것처럼 교사 실무와 교실 분위기도 중요한 역할을 한다. 또한 교육 시스템과 사회가 학생들이 최선을 다하도록 고무하고 자극할 필요가 있으며 성공 여부와 관계없이 그들의 노력에 대해 보상해주어야 한다.

학교와 수업 실무의 영향

차별화된 교육이 학생들의 도전 의식과 학습 의욕을 북돋울 수 있다

학습 의욕을 고취하기 위해서는 교사가 학생들이 도전할 수 있도록 고무해야 하며 고난도 기량을 사용하도록 요구해야 한다(Brown, 1994; Klieme, Pauli & Reusser, 2009). 이때 적절하고 유연한 교과과정은 필수 전제조건이다. 2012년 PISA 결과, 교사로부터 도전적인 문제를 받는다고 보고한 학생은 절반이 채 안 되었다(OECD, 2013b). 그 이유 중 하나는 '균등한 교육 기회'에 대한 신념을 널리 공유하는 것이며, 실제로 균등한 교육 기회란 흔히 평균적 학생을 위해 고안된 교육과 모든 학생에게 제공되는 비슷한 프로그램으로 귀결되고 만다. 차별화된 교습 기량을 모든 학생의 개별적인 학습 필요에 대한 평가와 연계시키는 것이 대단히 중요하다. 이를 위해 교사는 학생 간의 유의미한 차이를 확실히 파악해야 하지만(Bosker, 2005; Tomlinson et al., 2003), 평가 기량이 미숙한 교사가 많다는 증거들이 제시되었다(Inspectorate of Education, 2015, 2016). 이에 대해서는 5장에서 더 자세히 논의하겠다.

어수선한 교실에서는 학습 의욕이 높은 학생이라도 손해를 본다

질서 정연한 교실과 교사, 학생이 상호 존중하고 뒷받침하는 관계가 효과적인 수업을 위한 전제조건이라는 증거가 있다(Hopkins, 2005; OECD, 2010; Scheerens & Bosker, 1997). 적절하고 유연한 교과과정

또한 필수적인 전제조건이다. PISA 최상위 국가들 가운데 네덜란드가 규율풍토지수에서 가장 낮은데, 특히 일본·한국·에스토니아와 비교해보면 차이가 뚜렷하다. 네덜란드에서는 사회경제적 환경이 가장 좋은 학교에서도 잡음과 무질서가 있어서 교사는 학생들이 조용해질 때까지 한참을 기다려야 하고, 학생들은 수업이 시작되어도 한참동안 집중하지 못한다(OECD, 2013b). 한 연구 결과에 따르면 최상위 네덜란드 학생들 중에서도 질서를 잘 지키는 학생이 잠재력을 실현할 가능성이 높다(Kuyper & Van der Werf, 2012).

혼합 학급은 최상위 학생들의 성적에 부정적으로 작용한다

초등학교를 우수한 성적으로 졸업했어도 곧바로 동질적인 예비대학교(VWO)나 김나지움 학교에 배치되지 않으면 중등교육 기간에 성적이 떨어지고 만다(Van der Steeg, Vermeer & Lanser, 2011; Kuyper & Van der Werf, 2012). 최우수 학생이 혼합 학급에 배치되면 인지력 테스트 결과가 동등하게 나온 또래에 비해 성적이 떨어지며 유급하거나 하향 전학할 확률도 훨씬 높다. 이 과정에서 학습 의욕, 수업 실무, 또래 효과 등이 정확히 어떤 역할을 하는지는 분명하지 않지만 이러한 요인들도 모두 연관되어 있을 것이다. 비효율이 야기된다는 점을 감안해 네덜란드 맥락에서 이러한 요인들을 세밀하게 추가 조사할 필요가 있다.

다른 나라에서는 대체로 학생들에게 심화 목적의 추가 수업을 제공한다

2012년 PISA에 따르면 대부분의 OECD 국가에서는 보충·심화 목적의 추가 수학수업이 제공된다(OECD, 2013b). 네덜란드는 심화수업보다 보충수업이 더 흔한 몇 나라 가운데 하나로서 네덜란드 중등학교 가운데 59%에 이르는 학교가 학생들에게 방과 후 보충수업만 제공할 뿐 더 우수해지고 싶어 하는 학생들을 위한 추가 수업은 제공하지 않는다. 한국과 일본에서는 보충수업만 제공하는 학교가 단지 12%에 불과하고 대다수(한국은 약 80%, 일본은 72%) 학교는 보충수업과 심화수업을 모두 제공한다.

네덜란드 학부모는 다른 나라에 비해 자녀 교육에 덜 관여한다

PISA 등 많은 조사에 따르면 학생들은 부모가 관여할 때 공부를 더 잘한다(OECD, 2012). 그러나 중등학교 교장들의 보고에 따르면 네덜란드 학부모들은 학교 활동에 덜 관여하며 학교 성적에 대한 기대도 OECD 평균보다 낮다(OECD, 2013b). 2012년 PISA를 앞두고 소수의 학부모만이 학기 중에 자발적으로 자녀의 담임교사를 만나 자녀의 발전이나 행동 문제를 상의했다. 또한 네덜란드에서 자녀의 높은 학업 성취도에 관심을 보이는 학부모가 많다고 답한 학교장은 전체의 12%(OECD 평균인 21%와 비교된다)에 불과했다(OECD, 2013b). 네덜란드에서 학부모 관여에 관한 문제는 학교와 학부모 간의 동반자 관계를 촉진하기 위해 학교 측이 더 노력해야 함을 시사한다(Panteia, 2014).

불우한 환경에서 자란 우수 학생은 자신의 잠재력을 실현할 확률이 떨어진다

한 연구에 따르면 최상위 학생 중에서도 사회경제적 배경이 하층인 학생들의 잠재력을 실현할 확률은 훨씬 낮다(Kuyper & Van der Werf, 2012). 부모 관여의 차이가 이러한 결과를 설명할 수 있을 것이다. 불우한 형편의 학부모는 자녀의 학교 선택에 덜 신경 쓰고 공부가 그리 중요하지 않다고 생각할 수 있다. 아니면 단순히 자녀 교육을 뒷받침할 시간이나 재원이 없을 수도 있다.

네덜란드 학교 시스템은 모든 학생의 탁월성에 적절히 보상해주는 방향으로 개선되어야 한다

네덜란드 교육정책은 최근 여러 계획을 통해 탁월성에 더 많은 관심을 할애해왔다. 예를 들어 학생들은 상위 진로 레벨의 과목을 정식으로 수강하거나 중등교육 졸업장을 우등(cum laude)으로 취득할 수 있다. 또한 일부 학교는 재능 있는 학생들을 위한 이중 언어 교육이나 프로그램 등 특별한 교육 프로그램을 제공함으로써 탁월성을 향상시키는 데 중점을 둔다. 이런 것은 모두 긍정적인 발전이지만 개별 학생의 성과를 더욱 고무할 여지는 있다. 네덜란드에서 진로별 재학생 다수의 주된 목표는 현재의 진로에서 중등학교를 마치는 것이다. 상위 진로나 상급 학교에 들어가는 것은 졸업하기만 하면 보장되기 때문에 모든 학생이 최소 요건을 초과해서 달성했을 때의 실질적인 인센티브는 없다. 3장에서 살펴보았듯이 상위 레벨의 과목을 이수할 수 있도록 상위 진로로의 이동 가능성을 높여야 하며 이러한 개혁은 탁월성을 고취하는 유인을 증가시킬 것이다. 개혁안이 시행된다면 유급이나 하향 전학할 위험성이 제거되고 진로 승급 면에서도 잠재적 보상이 확대된다. 또한 보상은 위협보다 더 효과적인 동기부여 수단이다.

지금까지 탁월성은 학교 평가에서 큰 비중을 차지하지 않았다

주로 학교의 실패에 관심을 가졌던 네덜란드 교육감독청이 최근 들어 전통적인 평가를 확장하면서 중상위권 학교가 학생들의 탁월성을 어느 정도 장려하는지 평가하는 기준을 새롭게 마련했다.

권고 5: 학습 의욕을 고취하고 탁월성을 보상하라

권고 5: 학습 의욕과 탁월성을 제고하기 위해 개인별 학습 필요에 잘 대응하도록 교사 역량을 키우고, 각급 교육에서 진로 승급 기회를 제공함으로써 탁월성에 대한 보상을 강화하라. 또한 해당 교과 과정의 기대치를 높게 설정하고 학부모의 교육 참여를 촉진하라.

탁월성 제고에 초점을 맞추어 개인별 학습 필요에 잘 대응하도록 교사 역량을 키워라

교사는 학습 의욕을 고취하기 위해 상위 학생이나 상위로 올라갈 잠재력을 가진 학생 등 모든 학생의 각기 다른 학습 필요에 대응할 수 있어야 한다. 탁월성을 장려하는 도전적·자극적 학습 환경을 학생들에게 제공하기 위해서는 유연하고 적절한 교과과정이 더욱 필요하며, 특히 학생 간의 차이를 완전히 파악할 수 있어야 한다. 차별화된 교습 기량에 추가적인 투자를 하는 것도 매우 필요하다(5장 참조).

시스템 전반에 걸쳐 탁월성에 대한 보상을 강화하라

현행 시스템에서는 성적이 부진한 학생에게는 유급이나 하향 전학이라는 벌이 따르는 반면 성적이 탁월한 학생에게는 충분한 보상이 따르지 않는다. 진로마다 성적이 (잠재적으로) 우수한 학생에게 상위 진로로 승급하거나 상위 레벨에서 수학할 수 있는 기회를 확대 제공하는 방안을 생각해봐야 한다. 또한 고등교육으로의 진입 경쟁을 더욱 치열하게 만드는 방안도 고려할 수 있다. 현재 대다수 고등교육 기관이 네덜란드에서 가장 인기 있는 학과의 선발 기준을 추가로 도입하고 있으며 이로 인해 지원자들 간의 경쟁이 격화되고 있다.

학부모가 자녀의 학업에 관여할 수 있는 부분을 확대하라

PISA에 따르면 부모의 기대는 학습에 대한 긍정적인 기질이나 학생 성적과 강력하게 직결된다. 네덜란드의 학부모들, 특히 사회경제적 배경이 중하층인 학부모들은 자녀의 공부를 뒷받침하는 데 더욱 노력을 기울여야 한다. 나아가 학교는 부모와 학교 공동체 간의 동반자 관계를 강화하는 데 더욱 전향적인 역할을 수행해야 한다.

참고문헌

Borghans, L., R. Diris and B. ter Weel. 2014. "Investeren in persoonlijke ontwikkeling verbetering sociaal-economische uitkomsten"(Investing in personal development improvement of socio-economic returns). *CPB Policy Brief*, 2014/08. The Hague: CPB Netherlands Bureau for Economic Policy Analysis. www.cpb.nl/sites/default/files/publicat ies/download/cpb-policy-brief-2014-0 8-investeringen-persoonlijke-ontwikke ling-verbeteren-sociaaleconomische-uitko.pdf

Bosker, R. J. 2005. "De grenzen van gedifferentieerd onderwijs"(The boundaries of differentiated education). Presentation given at the acceptance ceremony for the professorship, Faculty of Psychology, Pedagogy and Social Science of the University of Groningen.

Broussard, S. C. and M. E. B. Garrison. 2004. "The relationship between classroom motivation and academic achievement in elementary-school-aged children." *Family and Consumer Sciences Research Journal*, Vol. 33, No. 2, pp. 106~120.

Brown, A. L. 1994 "The advancement of learning." *Educational Researcher*, Vol. 23, No. 8, pp. 4~12.

CEDEFOP. 2015. *Netherlands: Skills Forecasts up to 2025, 2015 edition*. CEDEFOP. www.cedefop.europa.eu/en/publicati ons-and-resources/country-reports/n etherlands-skills-forecasts-2025

Daron, A. 2002. "Technical change, inequality, and the labor market." *Journal of Economic Literature*, Vol. 40, No. 1, pp. 7~72.

De Boer, G. C., A.E.M.G. Minnaert and G. Kamphof. 2013. "Gifted education in the Netherlands." *Journal for the Education of the Gifted*, Vol. 36, No. 1, pp. 133~150.

Eccles, J. S. and A. Wigfield. 2002. "Motivational beliefs, values, and goals." *Annual Review of Psychology*, Vol. 53, pp. 109~132.

Goleman, D.. 2005. *Emotional Intelligence: Why It Can Matter More Than IQ*. New York City, NY: Bantam Books.

Goos, M., J. Konings and M. Vandeweyer. 2015. "Employment growth in Europe: The roles of innovation, local job multipliers and institutions." *Discussion Paper Series 15~10*. School of Economics, Utrecht University.

Gottfried, A. E., J. S. Fleming and A. W. Gottfried. 2001. "Continuity of academic intrinsic motivation from childhood through late adolescence: A longitudinal study." *Journal of*

Educational Psychology, Vol. 93, No. 1, pp. 3~13.

Gottfried, A. E. 1990. "Academic intrinsic motivation in young elementary school children." Journal of Educational Psychology, Vol. 82, No. 3, pp. 525~538.

Guay, F. et al. 2010. "Intrinsic, identified, and controlled types of motivation for school subjects in young elementary school children." British Journal of Educational Psychology, Vol. 80, No. 4, pp. 711~735.

Hopkins, D. (ed.). 2005. The Practice and Theory of School Improvement: International Handbook of Educational Change. Dordrecht: Springer.

Inspectorate of Education. 2016. The State of Education in the Netherlands in 2014~2015. Utrecht: Inspectorate of Education. www.destaatvanhetonderwijs.nl/binari es/staatvhonderwijs/documenten/rap porten/2016/04/13/svho-2014-2015/ de-staat-van-het-onderwijs-2014~20 15.pdf

_____. 2015. The State of Education in the Netherlands in 2013~2014 Utrecht: Inspectorate of Education. www.onderwijsinspectie.nl/binaries/c ontent/assets/publicaties/2015/08/th e-state-of-education-in-the-netherlan ds-2013-2014---printable-version.pdfm

Klieme, E., C. Pauli and K. Reusser. 2009. "The Pythagoras study: Investigating effects of teaching and learning in Swiss and German classrooms." in T. Janik and T. Seidel(eds.). The Power of Video

Studies in Investigating Teaching and Learning in the Classroom. Müunster: Waxmann Verlag.

Kuyper, H. and G. van der Werf. 2012. Excellente leerlingen in het voortgezet onderwijs: Schoolloopbanen, risicofactoren en keuzen(Excellent Students in the Secondary Education: School Trajectories, Risk Factors and Choices). Groningen: GION onderzoek/onderwijs.

Lange, G. W. and F. Adler. 1997. "Motivation and achievement in elementary children." Paper presented at the biennial meeting of the Society for Research in Child Development. Washington, DC.

Mischel, W. 2014. The Marshmallow Test: Mastering Self-Control. Boston, MA: Little, Brown and Company.

Mooij, T. and D. Fettelaar. 2010. "Naar excellente scholen, leraren, leerlingen en studenten"(Towards excellent schools, teachers, pupils and student). Nijmegen: Radboud Universiteit.

O'Boyle, E. H. et al. 2011. "The relation between emotional intelligence and job performance: A meta-analysis." Journal of Organizational Behavior, Vol. 32, pp. 788~818.

OECD. 2015. Skills for Social Progress: The Power of Social and Emotional Skills. OECD Skills Studies. Paris: OECD Publishing. http://dx.doi.org/10.1787/978926422 6159

_____. 2014. *PISA 2012 Results: What Students Know and Can Do (Volume I, Revised edition, February 2014): Student Performance in Mathematics, Reading and Science*. PISA. Paris: OECD Publishing. http://dx.doi.org/10.1787/978926420 8780-en

_____. 2013a. *OECD Skills Outlook 2013: First Results from the Survey of Adult Skills*. Paris: OECD Publishing. http://dx.doi.org/10.1787/978926420 4256-en

_____. 2013b. *PISA 2012 Results: Ready to Learn (Volume III): Students' Engagement, Drive and Self-Beliefs*. PISA. Paris: OECD Publishing. http://dx.doi.org/10.1787/978926420 1170-en

_____. 2012. *Let's Read Them a Story! The Parent Factor in Education*. PISA. Paris: OECD Publishing. http://dx.doi.org/10.1787/978926417 6232-en

_____. 2010. *PISA 2009 Results: What Students Know and Can Do - Student Performance in Reading, Mathematics and Science (Volume I)*. Paris: OECD Publishing. http://dx.doi.org/10.1787/978926409 1450-en

Panteia. 2014. "Monitor ouderbetrokkenheid po, vo en mbo: Derde meting 2014, trends in beeld"(Monitoring of parental involvement po, vo and MBO: Third measurement 2014 trends in pictures). Panteia. www.eerstekamer.nl/overig/2014121 7/monitor_ouderbetrokkenheid_po_v o/document

Scheerens, J. and R. Bosker. 1997. *The Foundations of Educational Effectiveness*. Oxford: Pergamon.

Tomlinson, C. A. 2000. "Differentiation of instruction in elementary grades." *ERIC Digest*. ERIC Clearinghouse on Elementary and Early Childhood Education.

Tomlinson, C. A. et al. 2003. "Differentiating instruction in response to student readiness, interest, and learning profile in academically diverse classrooms: A review of literature." *Journal for the Education of the Gifted*, Vol. 27, No. 2~3, pp. 119~145.

Van der Steeg, M., N. Vermeer and D. Lanser. 2011. "Nederlandse onderwijsprestaties in perspectief"(Educational achievement in the Netherlands). *CPB Policy Brief*. The Hague: Centraal Planbureau. www.servicecenter.aob.nl/kixtart/mod ules/absolutenm/articlefiles/48100-cp b_policy-brief_-nederlandseonderwijs prestaties.pdf

Wolfensberger, M. V. C. 2015. *Talent Development in European Higher Education*. Cham: Springer International Publishing.

5

교사의 전문성 제고

ENHANCING TEACHER PROFESSIONAL DEVELOPMENT IN THE NETHERLANDS

네덜란드는 교직의 질과 매력을 높이기 위해 교사 등록제 수립, 보수의 신축성 확대, 교사 훈련생 선발 기준 강화 등과 같은 수많은 계획을 추진해왔다. 은퇴 연령에 가까워진 교사들이 많아지면서 일부 도전 과제가 남게 되었다. 5장은 교사의 전문성을 제고하고 커리어 구조를 더욱 개선하기 위해 필요한 정책과 실무를 검토한다. 또한 네덜란드 교사들의 교습 기량과 최초의 교사 양성 교육, 전문성 개발 기회와 참여를 막는 잠재적 장애물 등을 검토한다. 또한 교사의 전문성 개발에 대한 생애주기 접근의 중요성을 강조하고, 커리어 구조를 다양화하여 다른 교사나 학교 지도자와의 협동 작업·학습을 장려하는 것이 교사의 전문성 개발을 뒷받침함을 설명할 것이다.

생애주기 접근

교사의 전문성 구축은 일생에 걸쳐 이루어지는 집단적 노력이다

교사의 자질은 학생의 배움과 직결된다(Hattie, 2008; Hanushek & Rivkin, 2012). 전문직 생애주기 내내 양질의 가르침과 배움을 함양할 필요가 있다. 그 출발점은 재능 있는 개인을 선발하는 효과적인 작업과 내실 있는 최초 교사 훈련, 학교 목표와 연계된 지속적인 전문성 개발, 집단 학습·작업(신임 교사를 위한 양질의 오리엔테이션 프로그램으로 시작된다)이다(Schleicher, 2016; OECD, 2014a). 이를 뒷받침하기 위해선 잘 설계된 커리어 구조가 필요하며, 특히 교사들이 커리어 내내 최선을 다하도록 동기를 부여하고 장기 근속에 도움을 주는 커리어 구조가 필요하다. 이러한 사항들을 차례로 검토해보면 다음과 같다.

교사 훈련생 유치와 선발

은퇴 연령을 앞둔 교사들이 많다

상급중등직업교육(MBO)에서 50세 이상인 교사는 절반이 넘는다(〈그림 5-1〉). 이는 하나의 도전 과제를 부여하는데, 경험이 많은 교사들이 사라지고 그들을 온전히 대체할 수 있는 인력을 충원하기가 어렵기 때문이다. 그러나 이것은 교단을 재편해 교단 인력의 기량을 제고할 수 있는 기회이기도 하다. 이 기회를 잘 이용해 급변하는 세계

그림 5-1

2013년 연령대와 학교유형별 교사 비율(%)

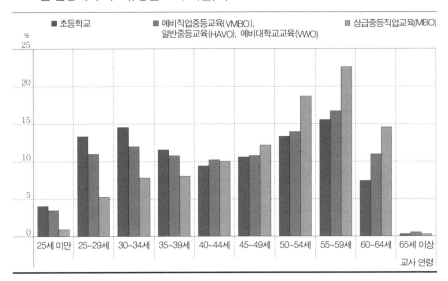

자료: Eurostat(2015).

의 여러 도전 과제에 잘 대처할 수 있는 태세를 갖추어야 할 것이다 (MoECS, 2013).

교사의 사회적 지위가 높지 않다

네덜란드 정부는 교직의 매력을 높이기 위해 엄청난 노력을 기울여왔다(MoECS, 2015a). 그러나 교사 10명 중 9명은 자신이 하는 일에 만족하는 반면, 사회가 교직을 소중히 여기는 것 같다고 보고한 교사는 10명 중 4명에 불과했다(OECD, 2014b). 지역에 따라 차이는 있지만 이 결과만 보아서는 초등학교 교사 결원이 증가할 것으로 예측된다.

미래의 초석, 네덜란드 교육

중등학교에서는 수학, 과학 같은 일부 과목 교사를 충분히 확보하기가 여전히 어렵다. MBO에서는 대다수 교사가 은퇴를 앞두고 있지만 현역에서도 교사를 충원할 수 있기 때문에 큰 결원은 없을 것으로 보인다(Fontein et al., 2015).

양질의 교육이 이루어지려면 수준 높은 교사를 충원해야 한다

최고의 교육 시스템들을 살펴보면 대개 교직이 매우 까다롭게 선발되며(Barber & Mourshed, 2007), 교사의 인지력이 학생 성적의 국제적 차이를 결정하는 중요한 요소로 작용한다. 최근까지 네덜란드에서는 MBO 레벨 4, 일반중등교육(HAVO) 또는 예비대학교교육(VWO) 졸업장을 취득하면 누구나 최초 교사 훈련에 입문할 수 있었다. 국제성인역량평가 프로그램(PIAAC) 데이터를 바탕으로 교사의 인지 능력을 분석한 결과에 따르면, 중등교육 졸업생 가운데 최상위 집단에서 교사가 충원되지 않았다(Schleicher, 2013; Hanushek, Piopiunik & Wiederhold, 2014).

최초 교사 훈련에 입문하기가 더욱 까다로워졌다

2010년에 초등학교 교사 훈련생 1년차의 수학과 언어 테스트 요건이 도입되었고, 2013~2014학년도부터는 모든 초등교육과 중등교육의 교사 훈련 프로그램에 수료 테스트가 시행되었다(Van der Rijst, Tigelaar & Van Driel, 2014). 이 조치 덕분에 신임 교사들의 질이 부분적으로 향상되었고(Inspectorate of Education, 2015), 2015~2016학년도부터 초등학교 교사 훈련 입문 지원자에게 부과되는 과목 지식 요건이 추가되면서 VWO 출신 학생은 HAVO이나 MBO 출신과 달리 바로 입문할 수 있게 되었다. 이처럼 입문 요건이 더욱 엄격해지면서 2015년에 교사 훈련을 받은 학생 수는 전년에 비해 약 30% 감소했다(The Netherlands Association of Universities of Applied Sciences, 2015). 2020년에는 풀타임 초등학교 교사 4000명이 부족할 것으로 예측된다(Fontein et al., 2015).

입문 요건이 인지력에만 초점을 맞추고 있고 지나치게 까다로 워졌다

교사 부족 사태가 예상되는 것은 교단 입문 테스트가 너무 많은 것을 요구하며, 비인지 기량 등 교습의 복합적 성격을 더 잘 반영하는 다른 기준을 고려하지 않는다는 것을 시사한다. 최근 교사 훈련 기관들이 입소 절차와 선발 옵션에 관해 여러 가지 새로운 계획을 시작했다. 좀 더 광범위한 선발 기준을 효과적으로 사용할 수 있다는 것을 보여주는 증거로는(Van der Rijst, Tigelaar & Van Driel, 2014; European Commission, 2013) 핀란드의 사례를 들 수 있다. 핀란드는 시험 결과와 지정된 교육학 도서들에 관한 필기시험, 학교생활기록부, 면접 등을 바탕으로 중등교육 졸업생을 선별한다(Sahlberg, 2010).

표 5-1

교사 자격: 표준 프로그램과 제공 기관

자격 유형	표준 프로그램		제공 기관
	[구조]	[담당 과정·학년]	
초등 교사	4년제 통합 학사 프로그램 (교육 및 실습)	초등교육 - 전 학년 특수교육 - 전 학년	응용과학대학교(HBO) - 교육학적 기초학문교육(PABO)
2급 중등 교사	과목별(예: 영어) 4년제 통합 학사 프로그램	VMBO - 전 학년(1~4) HAVO - 1~3학년 VWO - 1~3학년 MBO - 전 학년	응용과학대학교(HBO)
1급 중등 교사	전공과목별 4년제 학사 또는 석사 프로그램, 후속으로 1~2년의 통합 석사 프로그램(교육학·교수법에 치중)	VMBO - 전 학년(1~4) HAVO - 전 학년(1~5) VWO - 전 학년(1~6) MBO - 전 학년	대학교 - 사범대학, 응용과학대학교(HBO)

최초 교사 훈련

교사 자격증은 세 종류이다(〈표 5-1〉 참조)

초등학교 전 학년과 중등학교 저학년을 가르치기 위해서는 중등 교사 자격(즉, 학사 학위)이 필요하며 HAVO와 VWO의 고학년을 가르치기 위해서는 1급 교사 자격(즉, 석사 학위)을 취득해야 한다. 2013년 초등교사의 91%가 전문직 고등교육(HBO) 졸업장을 가지고 있었고 그중 일부는 HBO 석사 자격을 취득했다. HAVO에서는 68%가 HBO 졸업장을 보유하고 있으며 MBO에서는 약 80%가 HBO 졸업장을 보유하고 있고 14%는 대학 졸업자이다(Berndsen et al., 2014). 교사 훈련 기관의 재량권이 크지만 '교직법'(2006)에는 일곱 개 영역에서 최소한의 능력 요건이 규정되어 있다. 그것은 대인관계 능력, 교육학적 능력, 과목별 능력, 강의 능력, 조직 능력, 동료·환경과 협력하는 능력, 자기반성과 개발 능력 등이다(OECD, 2015a).

교사 훈련의 질을 지속적으로 개선할 필요가 있다

밝혀진 바에 따르면 교사 훈련의 질은 향상된 것으로 보이지만 이 주장을 둘러싸고 약간의 불확실성이 존재한다. 예를 들어 학사 학위와 석사 학위의 상대적 가치 문제가 있다.[1] 2015년 초등 교사 훈련 프로그램의 승인 결과를 보면 6년 전에 비해 뚜렷하게 개선되었지만 가변적인 질의 문제가 남아 있다. 2급 교사 훈련 프로그램의 수료생들은 초등교육을 전공한 졸업생들보다 자신들이 받은 교육 내용에 대해 덜 긍정적이었다(NVAO, 2015a; Inspectorate of Education, 2015). 앞으로 교사 훈련에 관한 조사 요소를 강화할 필요가 있으며, 대학교의 1급 중등 교사 훈련 프로그램이 실무와 지나치게 동떨어진 점도 개선해야 한다. 2016~2017학년도부터는 MBO 또는 VMBO 교사를 위해 개선된 특화 프로그램이 시행될 예정이다(MoECS, 2016b).

---

[1]   이 문제를 논하는 저서로는 판 페인·판 드레일·펠트만(Van Veen, Van Dreil & Veldman, 2011)이 있다. 연구 결과는 간접적인 영향만을 보여주지만(Chingos & Peterson, 2011; Hanushek & Rivkin, 2012), 학사·석사 학위가 교단 이미지에 기여하는 것은 확실하다(OECD, 2011).

교사 훈련 기관과 학교 간의 협력이 불충분하다

많은 국가들이 교사 훈련생을 조기에 더 오래 교실에 투입해야 한다고 강조하고 있으며(Schleicher, 2011), 실제로 교사 훈련 프로그램과 교생실습이 이루어지는 학교 간의 효과적인 협력은 매우 중요하다. 그러나 교육감독청(Inspectorate of Education, 2016)은 교사 훈련 기관과 학교 간의 접촉이 보장되지 않는다고 결론 내렸다. 미국의 '전문성 개발 학교'와 스웨덴에서 최근 설립된 '훈련 학교'는 교사 훈련 프로그램과 학교의 동반자 관계를 보여주는 좋은 본보기이지만(Harris & Van Tassel, 2005; OECD, 2015a), 네덜란드의 경우 동반자관계는 진작되었으나 아직 제대로 확립되지 못했다(Oberon & University Utrecht, 2015).

차별화된 교습 기량

신임 교사들은 평가 기량과 차별화된 교습 기량이 부족하다고 느낀다

앞서 3장과 4장에서 교사가 학급 내 다양한 성취 수준에 대비할 수 있어야 한다고 언급한 바 있다. 최근 훈련받은 교사들은 학생들을 체계적으로 평가하고 교습을 차별화할 수 있는 준비가 덜 되어 있다고 자주 실토한다(NVAO, 2015a, 2015b; Inspectorate of Education, 2016). 네덜란드의 전체 학교장 가운데 약 절반이 여전히 신임 교사들을 혼성 학급(예컨대 HAVO와 VWO 혼합)에 배치하는데, 이럴 경우에는 더더욱 수준이 다양한 학급을 가르칠 수 있는 능력이 중요하다(Inspectorate of Education, 2015).

이러한 약점은 모든 교사에게서 공통적으로 발견된다

2012년 PISA는 네덜란드 학교장 가운데 65%(OECD 평균 21%)가 학생들이 충분한 잠재력을 발휘할 수 있도록 교사들이 고무하지 못하고 있다고 보고했다. 또한 전체 학교장 중 59%가 교사들이 같은 학급 내에서 능력 수준이 제각각인 학생들을 가르치는 데 능숙하지 못하다고 말했으며, 71%는 교사들이 학생 개개인의 필요를 충족하지 못한다고 말했다. 이러한 보고는 부분적으로 학교장의 높은 기대치를 반영하지만, 교육청 역시 교실에서 학생 간의 차이에 따른 맞춤형 수업이 이루어지고 있다는 증거가 거의 없다고 보고한다. 부연하자면 교사들이 학생들에게 하는 피드백이 부족하고, 교사들이 학생들 스스로 공부에 적극적으로 임하도록 고무하지 않는다(Inspectorate of Education, 2015, 2016). 교육감독청에 따르면 중등교육 과정에서 학생들을 차별화해 가르치는 교사는 절반에 미치지 못한다. 반면 초등교육이나 예비직업중등교육(VMBO), VWO 최고학년에서는 차별화된 교습 기량을 보여주는 교사들이 더 많았다. 교사들 스스로 이러한 약점을 인식하지 못하고 있으며, 2013년 교수·학습국제조사(TALIS)에서도 평가 및 심사와 개별화된 교습 분야에서 추가적인 훈련이 필요하다고 인정한 교사는 거의 없었다(OECD, 2014b).

박스 5-1

차별화된 교습 사례와 평가의 역할

스위스의 쉽베르크(Gesamtschule Schüpberg) 종합 학교는 한 교실에 여러 학년을 수용하는 작은 학교다. 이 학교는 학생 그룹의 이질성을 특별히 강조하며, 이질적인 학생회의 영향이 아동의 사회적·인지적 발달에 동기를 부여하고 자극한다고 본다. 학교 활동은 개별 아동의 발달에 맞춰지며, 교사뿐 아니라 학생도 자신의 학습장('Lernheft')에 피드백을 기록한다. 이 학습장에는 피드백 외에도 자기평가와 학습 목표 등이 들어 있다. 학습장에 기록한 것을 토대로 나중에 교사와 아동 간 개별 대화 시간에 논의한다.

덴마크의 리스비에르그 학교(Lisbjerg School)에는 3개 학년을 혼합한 두 개의 큰 반(각 반에 6~9세와 10~13세를 혼합 수용)이 있다. 각 반 학생들은 12명으로 편성된 분단으로 나뉘며 분단마다 연령이 혼합되어 있다. 차별화된 교습이 반과 분단 사이에 교대로 이루어진다. 개별적인 교사와 학생 간 피드백·평가 세션은 2개월마다 열리는데, 이 세션에서는 대인관계·교육발달계획('아동의 스토리라인')을 서류첩을 놓고 토의하며 이전에 세운 목표를 평가하고 새로운 목표를 설정한다. 아동의 담임교사

는 이러한 목표를 기술할 책임이 있다. 서류첩은 자기평가를 위해 사용되며 정기적인 교사와 학생 간 피드백 세션을 위한 평가 도구로도 쓰인다. 끝으로 서류첩은 교사와 학부모 간 면담을 위한 중요한 수단으로도 사용된다.

오스트리아의 린츠유로파스쿨(Europaschule Linz)은 전통적인 학습 방식과 학생 주도적인 학습 방식을 혼합해 사용한다. 자율 결정과 독립성을 촉진하기 위한 개방적 구조가 형성되어 있으며 스스로 결정하는 자율적 학습과 번갈아 바뀌는 사회적 양식(mode)은 차별화와 개인화를 위한 토대로 보인다. 교사와 학생의 역할이 신축적이며 팀을 기반으로 교습하는 것이 좀 더 개별적인 접근을 뒷받침한다. 이러한 개별적 접근을 통해 능력이나 학습자 유형 등에 따른 차이를 포용할 수 있다. 교사는 학생에게 피드백을 제공해 사회적 기량과 역량을 키우는데 피드백은 다음의 일곱 개 기준을 바탕으로 한다. '남의 인격과 일을 존중하라', '협력할 줄 알라', '소통할 줄 알라', '신뢰성과 책임감을 보여라', '비판에 대처할 줄 알라', '합의된 규칙을 준수하라', '자신과 남의 소유물을 주의해서 다루어라.'

자료: OECD(2013a).

다른 나라에서는 차별화된 교습 모델을 장려한다

오스트레일리아, 핀란드, 독일, 뉴질랜드, 스코틀랜드는 최초 교사 훈련과 실무에서 형성 평가와 차별화된 교습에 우선순위를 부여

했는데, 네덜란드는 이러한 국가들을 참고해야 한다(〈박스 5-1〉 참조; OECD, 2005; Schleicher, 2011). 예를 들어 핀란드의 경우 교사들이 광범위한 방법을 사용해 교습을 차별화하고 각 학생의 필요에 대응하는 훈련을 받는데, 네덜란드도 학습 목표와 개인 맞춤형 교습을 명시하는 국가 교과과정을 개발함으로써 이와 유사한 방향으로 나아갈 수 있을 것이다(MoECS, 2016a).

초보 교사

초보 교사들은 지원을 충분히 받지 못한다

네덜란드에서 새롭게 자격을 취득한 교사 가운데 초등학교 교사의 12%, 중등교사의 22%는 1년 이내에 교단을 떠난다(Inspectorate of Education, 2015). 연구 결과에 따르면 잘 설계된 오리엔테이션 프로그램은 교사들의 잔류와 만족도를 증가시키고 교습 품질도 높인다(Kessels, 2010; Ingersoll & Strong, 2011). 그러나 2013년 TALIS에 따르면, 네덜란드의 중등교사들 가운데 절반 미만만 공식 또는 비공식 오리엔테이션 프로그램에 참여한 반면, 일본과 싱가포르의 경우 10명 중 8명이 참여했다(OECD, 2014b). 네덜란드 초등학교의 신임 교사들 가운데 28%는 어떠한 종류의 감독도 받지 않았으며 중등학교 교사의 경우 이 수치가 14%였다(Van der Boom, Vrielink & Vloet, 2014). 교사들은 지원을 받더라도 흔히 교육학적인 것보다 조직과 관련된 지원을 받으며 임시직은 그마저도 거의 지원받지 못한다(Van der Boom, Vrielink & Fontein, 2015). 지금은 학교 이사회가 개인 지도 등으로 신임 교사를 이끌고 있으며 연간 40시간의 시간 예산을 추가 배정해 교사의 업무량을 줄이도록 하는 부문 협약에 따라 재정 지원을 받고 있다(MoECS, 2015b). 그러나 국가 데이터를 보면 오리엔테이션과 멘토링 지원을 받는 초보 초등학교 교사의 비율은 높아지지 않고 있다.

'초보 중등교사 지도하기' 시범 사업에서 이 문제를 다루었다

2014년 교육문화과학부가 시작한 이 프로젝트는 전국 중등학교 3분의 1 이상의 신임 교사 1000명을 대상으로 한다. 이 프로젝트는 최초 교사 훈련 기관과 학교 간의 협동을 자극하고 신임 교사들에게 3년 동안의 강력한 오리엔테이션 프로그램을 제공한다. 이 시범 사업이 전국적으로 시행될 만한 잠재력이 있는지 결정하기 위한 평가가 진행되었다(MoECS, 2015b).

지속적인 전문성 개발

풀타임 교사들의 전문성 개발 참여도가 높다

2013년 네덜란드에서 중등학교 저학년 교사의 93%가 일정 형태의 전문성 개발에 참여했다. 이는 에스토니아, 한국, 폴란드 등 다른 우수 국가와 비슷한 수준이다(OECD, 2014b). 게다가 교사의 20%는 자격 프로그램을 이수하고 있었다. 이처럼 참여율이 높은 것은 교사들이 석·박사 프로그램을 이수할 수 있는 장학금 제도가 있고, 최근 교육문화과학부도 이를 장려했기 때문이다. 파트타임 교사들의 참여 수준은 이보다 많이 떨어지며, 이는 그들이 주로 일하는 초등교육에서 큰 문제로 작용한다(Inspectorate of Education, 2014).

재정 지원에도 불구하고 교사들의 전문성 개발을 막는 장애물이 있다

단체노동협약에 따라 전문성 개발을 위한 600유로와 수업 83시간이 매년 교사들에게 공여된다. 특히 학교 이사회는 초등교육과 중등교육을 위한 '부문 협약'2에 따라 학교 이사회는 이러한 목적의 추가적인 재정을 지원받는다. '교사개발기금'은 각 학교에 7만 5000유로까지 제공하면서 교사 주도로 유망한 학습 혁신을 일으키도록 지도한다. 그러나 참여를 가로막는 장벽이 많기에 이를 뛰어넘어야 한다. 2013년 중등교사의 38%가 전문성 개발이 자신들의 근무 일정과 충돌한다고 답했고, 39%는 적절한 전문성 개발 프로그램이 없다고 말했으며, 31%는 참여할 인센티브가 없다고 믿었다(OECD, 2014b).

---

2   부문 협약에는 각 부문(초등교육과 중등교육)의 2014년부터 2017년까지의 비전이 기술된다. 이 협약에는 우선순위, 목표, 조치, 투자에 관한 항목이 들어 있다.

아직 연례 교사 평가가 정착되지 않았다

네덜란드에서 교사 평가는 주로 전문성 개발을 통해 교습을 향상시키는 데 활용되며(Nusche et al., 2014), 국가 규제에 따라 초등 교사는 적어도 4년에 한 번, 중등 교사는 3년마다 성과 면접을 받아야 한다. 교육문화과학부의 전략적 계획인 '교사 의제(Agenda) 2013~2020'은 교사의 지식과 기량을 업데이트하는 것이 중요함을 강조했으며, 2020년경에는 모든 교사가 적어도 연 1회 평가받아야 한다고 요구했다. 2015년에 적어도 연 1회 평가를 받은 교사의 비율은 초등·중등·상급중등직업 교육에서 각각 81%, 71%, 75%로 상승했지만 의도했던 만큼 빠른 속도는 아니었다(MoECS, 2015b).

때로는 평가가 아무런 구체적인 영향을 미치지 않는다

네덜란드 교사 10명 중 4명은 평가와 피드백이 자신들의 교실 실무에 거의 영향을 미치지 않는다고 믿는다(OECD, 2014b). 이것은 관계된 학교 지도자들이 교사를 평가하는 훈련을 받지 않았고 의무적인 평가 과정에서 원용할 수 있는 공식 지침이 없기 때문일 것이다. 학교 이사회는 교사 능력 요건의 틀 내에서 독자적인 교사 평가 방안을 개발할 자유가 있지만, 일각에서는 이 틀이 너무 모호하다는 비판을 제기하기도 한다(Education Council, 2010; OECD, 2014a). 앞선 OECD 보고서(Nusche et al., 2014)는 네덜란드가 노르웨이 사례를 참고해야 한다고 제안했는데, 노르웨이에는 학교 지도자들이 교사를 평가하고 교사의 교육학적 지도자 역할까지 평가하도록 힘을 실어주는 국가 프로그램

그림 5-2

중등학교 저학년 교사들이 적어도 월 1회 참여하는 활동, 2013년 교수·학습국제조
사(TALIS)

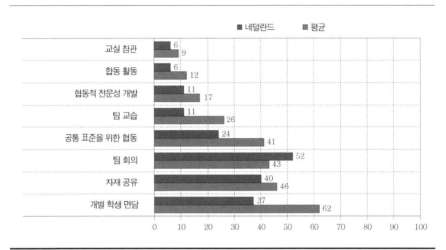

주: 수치는 백분율임.
자료: OECD(2014b).

이 있기 때문이다.

집단적으로 일하지도 배우지도 않는 교사들이 많다

연구 결과에 따르면 교사들 간의 협동 근무와 학습은 잠재적으
로 수업을 향상시킨다(Hargreaves & Fullan, 2012). 네덜란드의 대다수
초·중등 교사들이 혼자서 일하는 경향이 있는데(MoECS, 2015b; Oberon,
Kohnstamm Institute & ICLON, 2014; 〈그림 5-2〉 참조), 특히 상급중등직업교
육에서 더 심하다. 한 예로 2013년 TALIS에 따르면, 네덜란드 중등교

사 가운데 단지 11%(TALIS 평균 17%)만 적어도 월 1회 집단적 전문성 개발에 참여한다고 보고했으며(OECD, 2014b), 2015년에는 초·중등교사 가운데 약 60%가 동료 검토에 참여했다. 이 수치는 초등학교 교사들의 저조한 참여로 인해 예년에 비해 감소한 것이다(MoECS, 2015b).

이러한 사실은 학습 조직으로서의 학교를 지향하는 네덜란드 교육에 장애물이 된다

네덜란드가 학습 조직으로서의 학교를 지향하는 것은 집단적 학습 모델과 관련이 있다(MoECS, 2013). 이러한 목표를 달성하려면 능숙한 협동을 촉진하는 '교육 협력을 위한 동료 검토' 프로젝트나 '교사 힘 재단(Foundation LeerKRACHT)' 프로그램(〈박스 5-2〉)과 같은 계획이 중요하다. 또한 학교 지도자와 이사회도 교사들이 교내외에서 협동 학습·근무를 추구하도록 고무하는 데 더욱 적극적인 역할을 수행할 수 있을 것이다. 이 문제는 6장과 7장에서 더 자세히 다루겠다.

박스 5-2
'교사 힘 재단' 프로그램은 동료 검토와 협동적 근무 계획을 장려한다

2012년에 출범한 '교사 힘 재단'[3]이 지향하는 목적은 다음과 같다. ① 각 학교에 상향식 역량 구축 프로그램을 시행해 2020년까지 (네덜란드의 전체 8700개 학교 가운데) 5000개 이상의 초·중등학교에 전파한다. ② 강력한 교사단체를 창설하도록 국가 교육정책을 개편하고 '지속적인 개선 문화'를 창달하도록 각 학교를 독려한다.

이 재단은 교사의 질을 신뢰하며 교육의 소유권을 교사에게 돌려주는 것을 목적으로 한다. 이 재단은 그 목적을 달성하기 위해 각 학교가 지속적인 개선 문화를 창달하도록 지원한다. 이때 문화는 교사들이 교습을 향상시키기 위해 협력하고 학교 지도자들이 개선 과정에 참여해 롤 모델 역할을 하는 문화이다. 프로그램에 참여하는 교사와 학교 행정가는 재량껏 학교교육을 향상시키기 위해 긴밀하게 협력한다.

다음의 세 가지 개선 과정이 프로그램의 중심이다. ① 교실 참관 및 피드백 대화, ② 합동으로 수업 기획하기, ③ 이사회 세션. 이 '이사회 세션'은 제조업의 린(LEAN) 운동에서 차용한 것으로, 공장에서는 작은 팀이 합동으로 품질을 개선하기 위해 매일 선 채로 회의를 한다는 점에 착안했다. 이러한 접근을 보강하기 위해 역내 '교사 힘 재단 학교'와 포럼을 개최하고 지속적인 개선 문화를 가지고 있는 회사를 방문한다.

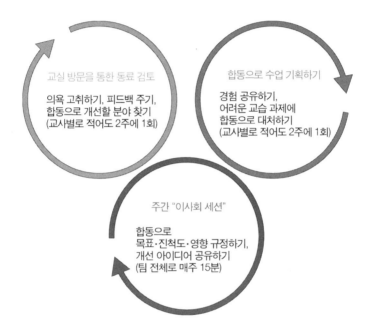

현재 이 민간 계획에 네덜란드 중등학교의 10분의 1, 직업학교의 3분의 1, 수백 개의 초등학교가 참여하고 있다(Van Tartwijk & Lockhorst, 2014).

자료: Foundation LeerKRACHT(2016).

자격 미달 교사

자격 미달 교사가 중등학교 수업을 진행하는 경우가 여전히 많다

자격 미달 교사는 주로 HAVO의 일부 과목에서 발견되는데 2012년 PISA에서 학교장들은 중등교사의 80%만이 완전한 자격증을 가지고 있다고 보고했다(OECD, 2013b). 2009년 PISA 데이터를 사용한 어느 연구(Dronkers, 2010)는 적절한 훈련을 받은 교사들이 모든 학급을 가르칠 경우 학생들의 성적이 상당히 오를 것이라고 보았다. 여전히 자격 미달인 교사를 고용하고 있는 학교에 따르면, 자격 미달인 교사들은 대개 은퇴 연령에 가까운 교사들로서 다년간 충분한 성과를 냈다고 한다(Inspectorate of Education, 2015). 그러나 이런 견해에 반론이 제기되었고, 이에 따라 교육문화과학부는 최근 중등교육에서 자격 미달 교사의 수를 줄이는 계획을 제시했다(MoECS, 2016b).

2017년에 교사 등록제가 의무화될 것이다

네덜란드는 2012년에 오스트레일리아, 캐나다 온타리오 주, 뉴질랜드, 스코틀랜드 등과 같이 성과가 좋은 교육 시스템 사례를 본받아 2017년부터 의무화될 교사 등록제를 도입했다. 교사로 등록하려면 자격을 갖추고 전문성 개발 요건(즉, 4년 동안 160시간)을 충족했음을 입증해야 한다. 등록제 도입으로 교사의 지위가 향상되고 전문성

---

3   네덜란드어로 'leerkracht'는 '교사', 'kracht'는 '힘'을 의미한다—옮긴이

개발이 뒷받침되며 자격 미달 직원의 고용이 제한될 것으로 기대된다. 그러나 등록 시스템은 여전히 개발 중이며 아직 역할은 분명하지 않다(Nusche et al., 2014).

교사 커리어 구조

교사 커리어 구조는 저개발 상태이다

'교사 의제 2013~2020'은 교사의 전문성 개발을 장려한다는 목표를 설정했다(Elffers, 2015). 앞선 OECD 보고서(Nusche et al., 2014)는 탁월성을 인정하고 보상하며 교사들의 커리어 다변화를 허용하는 커리어 구조를 주장했다. 그러나 '조정관'이나 '교생 감독관' 같은 일부 교사 직책에는 봉급 인상이 없으며(Elffers, 2015), 선임교사 커리어 단계를 제외하고 유일하게 주어지는 승진 기회는 주요 직책에 오르는 것뿐이다(Gerrichhauzen, 2007; Evers, 2007; Commission Teachers, 2007). 네덜란드는 오스트레일리아, 에스토니아, 뉴질랜드, 싱가포르 등의 사례를 참조할 수 있다. 이러한 나라들은 커리어 구조를 다변화함으로써 교사들이 교단에 있는 동안 전문직으로서 발전하고 성장할 수 있도록 도왔고, 교사들이 다른 커리어 경로를 선택할 수 있도록 했다(〈박스 5-3〉 참조; AITSL, 2012; Schleicher, 2011).

박스 5-3

수직적·수평적으로 차별화된 교사 커리어 구조

오스트레일리아는 교사들의 지식, 실습, 전문성 활동과 관련된 요건을 강화하면서 가르치는 능력을 기준으로 수직적 차별화를 꾀했다. '오스트레일리아 교사의 전문성 표준'에 반영되어 있는 요소는 다음과 같다.

• **학식 있는 교사**: 학생의 신체적·사회적·지적 발달과 특성에 관해 잘 알며 이러한 것이 학습에 어떤 영향을 미치는지도 파악하고 있다.

• **능숙한 교사**: 학습을 향상시키고자 학생의 신체적·사회적·지적 발달과 특성에 관한 지식을 바탕으로 교습 전략을 구사한다.

• **고숙련 교사**: 다양한 교습 전략 중에서 학생의 신체적·사회적·지적 발달과 특성에 맞춘 교습법을 선택한다.

• **주임 교사**: 학생의 신체적·사회적·지적 발달과 특성에 관한 지식을 활용해 동료들이 학습을 향상시킬 수 있는 교습 전략을 선택·개발하도록 이끈다(AITSL, 2012).

싱가포르에서는 흔히 우수한 성과를 만들어내는 이유 중 하나로 양질의 교사를 꼽는다(Goodwin, 2014; OECD, 2011). 수평적으로 차별화된 세 개의 진로, 즉 가르치는 진로, 리더십 진로, 전문가 진로에 따라 승진과 승급이 이루어진다. 각 진로에는 다수의 오름차순 직책이 있고, 그에 상응하는 봉급이 있다(Elffers, 2015). 각각의 진로와 역할은 교사들에게 교실 안이나 밖에서 발전할 기회를 제공한다. 각 역할의 임기는 정해져 있지만, 교내 교사 역할에는 영구직과 임기직이 섞여 있다. 또한 그 역할에는 가장 효과적인 교사와 간부를 알아보는 데 도움이 되도록 상당한 추가 보수가 주어진다. 진로나 직책을 바꾸는 교사나 지도자는 국립교육원으로부터 상응하는 훈련과 멘토링을 지원받는다. 여기에는 보통 수주에서 수개월에 걸친 단기 프로그램이 포함되는데, 이걸 마친 교사는 학교에서 새로운 지식과 기량을 적용할 수 있다. 이 훈련은 커리어 사다리상의 직책과 명시적으로 연계되어 있으며 전문성 표준이 그 사다리를 뒷받침한다.

자료: AITSL(2012); Elffers(2015); OECD(2011); Goodwin(2014).

'복합 기능'이 봉급의 다양성을 더욱 확대한다

2008년 '복합 기능(functions mix)' 정책이 입안되면서 교사의 능력과 성과의 차이에 입각한 승진이 가능하게 되었고 교사들의 부족한 봉급이 인상되었다. 상급중등직업교육 레벨에서의 복합 기능 정책은 교사 부족 현상이 가장 심각한 란트스타트(Randstad) 지역에 초점을

그림 5-3

2013년 25~64세 대졸근로자의 평균 소득 대비 평균 교사 봉급

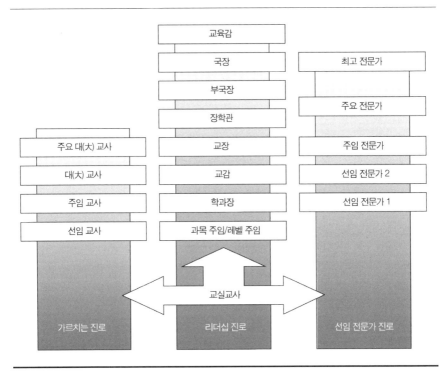

주: 수치는 백분율임.
자료: OECD(2015b).

맞추고 있다. 그러나 교사위원회(Commission Teachers, 2007)의 권고와
는 반대로 상위 직책으로의 승진이나 보수 척도가 더 높은 자격과 연
계되지는 않았고 대신 정책 시행이 학교 이사회에 맡겨졌다. 따라서
인적자원을 관리하는 학교 이사회와 학교 지도자의 (가변적) 역량에
따라 성공과 실패가 크게 엇갈리는 실정이다(Education Council, 2013;

Inspectorate of Education, 2015).

교직이 고급 인재를 끌어들일 만큼 충분히 매력적인가?

복합 기능 정책으로 란트스타트 지역의 교사를 약간 늘리는 데는 성공했지만 자격 미달 교사의 비율은 변하지 않았다(Van der Steeg, Gerritsen & Kuijpers, 2015; CPB, 2014). 빠른 승진을 가능하게 한 복합 기능이 교직 선택을 좀 더 매력적으로 만드는 첫걸음이 되기는 했지만, 상대적으로 낮은 봉급 때문에 고급 인재들의 교단 진입이 계속해서 방해받고 있다고 주장한 보고서도 여럿 있다(〈그림 5-3〉 참조; Education Council, 2013; Cörvers, 2014).

최근 조사에 따르면 중등교육 학생들도 교사 봉급을 상당히 과소평가하는 것으로 나타났는데(Researchned, 2015), 이는 직업적인 정보 제공도 개선할 필요가 있음을 시사한다.

권고 6~8: 교사의 전문성을 제고하고 커리어 구조를 개선하라

권고 6: 교직의 전문성을 구축하려면 최초 선발부터 효과적으로 시행하고 의무적인 오리엔테이션을 도입한 생애주기 접근법을 따라야 하며, 교내외에서 협동 근무와 학습을 진작해야 한다.

자격을 갖춘 교사를 충분히 확보할 수 있도록 시장 현실을 고려해 선발 기준을 완화하되 광범위한 기준에 입각해 선발하라

교사 훈련의 입문을 점차 까다롭게 만드는 것은 바람직하지만 모집 인원을 충분히 확보하기 위해서는 시장 현실과 타협할 필요도 있다. 또한 교직의 복합적 성격을 잘 반영하기 위해 비인지적 능력을 고려한 좀 더 광범위한 기준에 입각해 선발할 필요가 있다.

의무적인 오리엔테이션 및 교사 훈련 기관과 학교 간의 탄탄한 협동부터 시작해 학교 안팎에서 협동하는 전문성을 높여라

팀 학습과 협동이 교습과 학습을 향상시키는 데 효과적이라는 점은 잘 알려져 있지만, 그러한 관행이 네덜란드 학교 시스템에 잘 정착된 것은 아니다. 따라서 교육문화과학부는 시스템 전반에 걸쳐 전문성 협동을 진작하기 위한 노력을 지속적으로 강화해야 한다. 학교 지도자와 학교 이사회는 학교 울타리 안팎에서 학습 문화를 수립하는 데 중심축 역할을 한다(6장과 7장도 참조). 핀란드, 독일, 북아일랜드, 싱가포르처럼 네덜란드도 신임 교사들이 체계적인 지원을 받을 수 있도록 의무적 오리엔테이션 기간을 설정해야 한다. 싱가포르의 경우 신임 교사는 처음 3년 동안 수업 시간을 20% 적게 배정받으며 멘토링도 지원받는다. 교사 훈련 기관은 훈련 프로그램의 적절성을 보장하기 위해 그리고 재직 기간 내내 학교와 그 교사들을 지속적으로 지원하기 위해 학교와 소통할 필요가 있다.

권고 7: 봉급 인상과 커리어 다양성을 촉진하는 교사 커리어 구조를 개발하되, 명확한 능력 표준에 입각해야 하며 인사고과를 전문성 개발 및 학교 발전 목표와 연계시켜라.

강화된 커리어 구조와 인사고과 시스템이 교사 전문성을 뒷받침할 것이다

네덜란드는 교사 커리어 구조를 더욱 발전시킴으로써 교사들이 다양한 커리어 경로를 제공받아 재직 기간 내내 인정받으면서 도전의욕을 갖도록 해야 한다. 다변화된 커리어 구조는 명료하게 개정된 교사 능력 표준을 바탕으로 하되, 교사들이 교단에 있는 동안 전문직으로서 발전하고 성장하는 것과 함께 다른 커리어 경로를 밟고자 희망할 수도 있음을 인정해야 한다. 개정된 표준은 전문성 개발 기회와 연계되어야 하며 명료한 능력 체계는 좀 더 효과적인 교사 평가가 되도록 뒷받침할 것이다. 교사 평가는 영국, 북아일랜드, 한국, 뉴질랜드 등 여러 나라에서 행해지는 것처럼 학교의 발전 목표 및 효과적 교습에 대한 이해와 밀접하게 연계되어야 한다. 학교 지도자 등 평가자의 역량을 개선할 필요가 있으며 학교 이사회는 학교가 평가 과정을 발전시킬 수 있도록 보장해야 한다(Nusche et al., 2014).

고급 인재가 교단에 들어오고 싶을 만큼 봉급을 충분히 매력적인 수준으로 올려라

복합 기능 정책으로 커리어 개발 기회가 더욱 빨라지면서 교직이 좀 더 매력적인 커리어 옵션이 되었다. 그러나 교사 부족 문제는 특히 형편이 어려운 학교와 일부 과목에서 여전히 도전 과제다. 은퇴 시기를 앞둔 교직원이 많고 교사의 봉급이 네덜란드의 다른 대졸자에 비해 상대적으로 낮다는 점을 감안할 때 추가적인 조치가 필요할 것이다. 커리어 구조의 추가적인 발전 방안이 커리어 가치와 봉급 다양성을 높이는 기회가 될 수 있을 것이다.

권고 8: 최초 훈련과 후속 전문성 개발 과정에서 차별화된 교습 기량을 더욱 지속적으로 강조하라.

지금까지 네덜란드 교육에 차별화된 교습 기량과 개별 학생을 평가하는 역량이 부족하다는 증거를 살펴보았다. 앞서 3장에서는 이러한 기량이 교습 성과에 매우 중요하며 특히 조기 진로 결정 시스템에서 진로 승급 대상자를 신속히 찾아내 격려하기 위해서 중요함을 보았고, 4장에서는 탁월성을 높이고 학습 의욕을 고취하기 위해 개인 맞춤형 접근을 해야 한다고 주장했다. 이러한 접근을 통한다면 개인의 학습 목표가 의욕과 노력을 불러일으키는 방향으로 조정될 것이다. 그러므로 차별화된 교습 기량은 네덜란드 교육이 안고 있는 주요 과제를 일부 해결하는 데 핵심적 역할을 하며 그 파급 효과는 크다. 이는 교사 전문성 개발의 단계마다 이 기량에 대한 관심을 한층 더 높일 필요가 있음을 의미한다.

참고문헌

AITSL. 2012. *Standard 1: Know students and how they learn*. Australian Institute for Teaching and School Leadership. www.teacherstandards.aitsl.edu.au/DomainOfTeaching/Professional Knowledge/Standards/1

Barber, M. and M. Mourshed. 2007. *How the World's Best-Performing School Systems Come Out on Top*. New York: McKinsey & Company.

Berndsen, F. E. M. et al. 2014. *Onderwijs Werkt! Rapportage van een enquêete onder docenten en management uit het po, vo, mbo en hbo. Meting 2013*(Education Works! Report of a Survey among Teachers and Management from PO, VO, MBO and HBO: Measurement 2013). Amsterdam: Regioplan.

Chingos, M. M. and P. E. Peterson. 2011. "It's easier to pick a good teacher than to train one: Familiar and new results on the correlates of teacher effectiveness." *Economics of Education Review*, Vol. 30, pp. 449~465.

Commission Teachers. 2007. *LeerKracht! Advies van de Commissie Leraren(Teacher! Advice of the Commission Teachers)*. The Hague: Ministry of Education, Culture and Science.

Cörvers, F. 2014. *De arbeidsmarkt voor leraren: theorie, beleid en werkelijkheid*(Labour Market for Teachers: Theory, Policy and Reality). Tilburg: University of Tilburg.

CPB. 2014. "Verkenning ophoging masters PO en VO"(Investigation increase masters in primary and secondary education). *CPB Note*. 17 April. The Hague: Central Bureau for Economic Policy Analysis.

Dronkers, J. 2010. "De relatie tussen leerkrachten-tekort en de taal- en natuurkundekennis en vaardigheden van 15 jarige leerlingen"(The relationship between teacher shortages and language and science knowledge and skills of 15-year-old students). ROA Maastricht University. http://apps.eui.eu/Personal/Dronkers/Dutch/leerkrachttekort.pdf

Education Council. 2013. *Kiezen voor kwalitatief sterke leraren*(Choosing for Qualitatively Strong Teachers). The Hague: Education Council. www.onderwijsraad.nl/upload/documents/publicaties/volledig/kiezen-voor-kwalitatief-sterke-leraren.pdf

_____. 2010. *Leraar zijn(Being a Teacher)*. The Hague: Education Council. www.onderwijsraad.nl/upload/publicaties/733/documenten/leraar-zijn.pdf

Elffers, L. 2015. "De loopbaanladder

van leraren in Singapore"(The career ladder of teachers in Singapore). www.academischewerkplaatsonderwijs.nl/files/2414/2121/7890/De_loopbanladder_van_leraren_in_Singapore.pdf

European Commission. 2013. *Supporting Teacher Educators for Better Learning Outcomes*. Brussels: Education and Training, European Commission. http://ec.europa.eu/education/policy/school/doc/support-teacher-educators_en.pdf

Eurostat. 2015. "Distribution of teachers at education level and programme orientation by age groups (educ_uoe_perd01)." *Eurostat database*. Eurostat. http://ec.europa.eu/eurostat/web/education-and-training/data/database (accessed 11 January 2016).

Evers, G. H. M. 2007. "Advies omtrent bevordering implementatie functie- en beloningsdifferentiatie in PO, VO en BE"(Advice on enhancing the implementation of function and reward differentiation in primary education secondary education and upper secondary vocational education). Tilburg: OSA- Institute for Labour Studies.

Fontein, P. et al. 2015. *De toekomstige arbeidsmarkt voor onderwijspersoneel po, vo en mbo 2015~2025. Update oktober 2015*(The Future Labour Market for Education Personnel PO, VO, MBO 2015~2025. Update October 2015). Tilburg: CentERdata. www.rijksoverheid.nl/binaries/rijksoverheid/documenten/rapporten/2015/10/22/de-toekomstige-arbeidsmarkt-voor-onderwijspersoneel-po-vo-en-mbo-2015-2025/de-toekomstige-arbeidsmarkt-voor-onderwijspersoneel-po-vo-en-mbo-2015-2025.pdf

Foundation LeerKRACHT. 2016. www.stichting-leerkracht.nl/ik-ben-geinteresseerd/

Gerrichhauzen, J. 2007. "De lerende en onderzoekende docent. Professionaliseren versnellen met HRM-beleid, afstandsonderwijs en werkplekleren"(The learning and researching teacher. Accelerate profesionalisation through HRM policy, distance education and workplace learning. Inaugural speech). Heerlen: Open Universiteit.

Goodwin, A. L. 2014. "Perspective on high-performing education systems in Finland, Hong Kong, China, South Korea, and Singapore: What lessons for the U.S.?" in S.K. Lee, W.O. Lee and E.L. Low(eds.), *Educational Policy Innovations: Levelling Up and Sustaining Educational Achievement*. Singapore: Springer.

Hanushek, E. A., M. Piopiunik and S. Wiederhold. 2014. "The value of smarter teachers: International evidence on teacher cognitive skills and student performance." *NBER Working Paper No. 20727*. National Bureau of Economic Research.

Hanushek, E. A. and S. Rivkin. 2012. "The distribution of teacher quality and implications for policy." *Annual Review of Economics*, Vol. 4, pp. 131~157.

Hargreaves, A. and M. Fullan. 2012. *Professional Capital: Transforming Teaching in Every School.* New York: Teachers College Press.

Harris, M. and F. van Tassell. 2005. "The professional development school as learning organization." *European Journal of Teacher Education*, Vol. 28, No. 2, pp. 179~194.

Hattie, J., D. Masters and K. Birch. 2015. *Visible Learning into Action: International Case Studies of Impact.* Oxford: Routledge.

Hattie, J. 2008. *Visible Learning: A Synthesis of Over 800 Meta-Analyses Relating to Achievement.* Oxford: Routledge.

Ingersoll, R. and M. Strong. 2011. "The Impact of Induction and Mentoring Programs for Beginning Teachers: A Critical Review of the Research." *Review of Education Research*, Vol. 81, No. 2, pp. 201~233.

Inspectorate of Education. 2016. *The State of Education in the Netherlands in 2014~2015.* Utrecht: Inspectorate of Education. www.destaatvanhetonderwijs.nl/binaries/staatvhonderwijs/documenten/rapporten/2016/04/13/svho-2014-2015/de-staat-van-het-onderwijs-2014-2015.pdf

_____. 2015. *The State of Education in the Netherlands in 2013~2014.* Utrecht: Inspectorate of Education. www.onderwijsinspectie.nl/binaries/content/assets/publicaties/2015/08/the-state-of-education-in-the-netherlands-2013-2014---printable-version.pdfm

_____. 2014. *The State of Education in the Netherlands in 2012~2013.* Utrecht: Inspectorate of Education Inspectorate. www.onderwijsinspectie.nl/binaries/content/assets/Onderwijsverslagen/2014/the-state-of-education-in-the-netherlands-2012-2013-print.pdf

Kessels, C. 2010. *The Influence of Induction Programs on Beginning Teachers' Well-being and Professional Development.* ICLON, Leiden University Graduate School of Teaching. www.leraar24.nl/leraar24-portlets/servlet/document?id= 2718c390-ce10-443f-9d76-21d987e 8c9bf

Kools, M. and L. Stoll. forthcoming. "Transforming schools into learning organisations." *EDU Working Paper.* Paris: OECD Publishing.

MoECS. 2016a. *Key Figures Education.* The Hague: Ministry of Education, Culture and Science.

_____. 2016b. "Plan van aanpak tegengaan onbevoegd lesgeven vo"(Action plan against unqualified teaching). Ministry of Education, Culture and Science. http://lerareninactie.nl/uploadedfiles/875461A76157B09E7D530D72B59E6DCB.pdf

_____. 2015a. "Kamerbrief over onderwijsarbeidsmarkt"(Parliamentary letter about the labour market in education). Ministry of Education, Culture and Science. www.rijksoverheid.nl/binaries/rijksoverheid/documenten/kamerstukken/2015/11/03/kamerbrief-over-onderwijsar

beidsmarkt/kamerbrief-over-onderwijs
arbeidsmarkt.pdf

_____. 2015b "Kamerbrief over de
voortgang verbeterpunten voor het
leraarschap"(Parliamentary letter
about the improvement points for
the teaching profession). Ministry of
Education, Culture and Science.
www.rijksoverheid.nl/binaries/rijksover
heid/documenten/kamerstukken/201
5/11/04/kamerbrief-over-de-voortgan
g-verbeterpunten-voor-het-leraarscha
p/kamerbrief-over-de-voortgang-verb
eterpunten-voor-het-leraarschap.pdf

_____. 2013. Leraren agenda
2013~2020: de leraar maakt het
verschil(Teachers Agenda
2013~2020: The Teacher Makes
the Difference). Ministry of
Education, Culture and Science.
www.delerarenagenda.nl/documente
n/publicaties/2015/01/01/lerarenagen
da-oktober-2013

NVAO. 2015a. "Accreditatie besluiten
universitaire lerarenopleidingen
afgerond"(Accreditation decisions
university teacher education
programmes completed).
Netherlands-Flemish Accreditation
Organisation.
www.nvao.net/actueel/accreditatiebe
sluiten-universitaire-lerarenopleidingen
-afgerond

_____. 2015b. "Hbo-bachelor Opleiding
tot leraar basisonderwijs, systeem
brede analyse"(University of applied
sciences bachelor education for
primary education, system-wide
analysis). Netherlands-Flemish
Accreditation Organisation.
www.nvao.net/system/files/pdf/Syste

embrede%20Analyse%20Opleiding%
20leraar%20basisonderwijs%202015
_0.pdf

Nusche, D. et al. 2014. OECD
Reviews of Evaluation and
Assessment in Education:
Netherlands 2014. OECD Reviews
of Evaluation and Assessment in
Education. Paris: OECD Publishing.
http://dx.doi.org/10.1787/978926421
1940-en

Oberon and University Utrecht. 2015.
"Monitor versterking samenwerking
lerarenopleidingen en
scholen"(Monitor strengthening
collaboration teacher education
programmes and schools). Utrecht:
Oberon and University Utrecht.
www.rijksoverheid.nl/binaries/rijksover
heid/documenten/rapporten/2015/12
/01/monitor-versterking-samenwerkin
g-lerarenopleidingen-en-scholen-tuss
enmeting-2015/edoc-906458-v1-rvs-
rapport-tussenmeting-monitor-decem
ber-2015-pdf.pdf

Oberon, Kohnstamm Institute and
ICLON. 2014. Leren met en van
elkaar. Onderzoek naar de
professionele leercultuur in het
voortgezet onderwijs(Learning with
and from Each Other: Research on
the Professional Learning Culture in
Secondary Education). Utrecht:
Oberon, Kohnstamm Instituut and
ICLON.
www.vo-raad.nl/userfiles/bestanden/
SLOA/Rapport-onderzoek-prof-leercu
ltuur-vo.pdf

OECD. 2015a. Education Policy
Outlook 2015: Making Reforms
Happen. Paris: OECD Publishing.

http://dx.doi.org/10.1787/978926422
5442-en

_____. 2015b. *Education at a Glance
2015: OECD Indicators*. Paris:
OECD Publishing.
http://dx.doi.org/10.1787/eag-2015-7
1-en

_____. 2014a. *Improving Schools in
Wales: An OECD Perspective*.
Paris: OECD Publishing.
www.oecd.org/edu/Improving-school
s-in-Wales.pdf

_____. 2014b. *TALIS 2013 Results: An
International Perspective on
Teaching and Learning*. TALIS.
Paris: OECD Publishing.
http://dx.doi.org/10.1787/978926419
6261-en

_____. 2013a. *Innovative Learning
Environments*. Educational Research
and Innovation. Paris: OECD
Publishing.
http://dx.doi.org/10.1787/978926420
3488-en

_____. 2013b. *PISA 2012 Results:
What Makes Schools Successful
(Volume IV): Resources, Policies
and Practices*. PISA. Paris: OECD
Publishing.
http://dx.doi.org/10.1787/978926420
1156-en

_____. 2011. *Lessons from PISA for
the United States, Strong
Performers and Successful
Reformers in Education*. Paris:
OECD Publishing.
http://dx.doi.org/10.1787/978926409
6660-en

_____. 2005. *Formative Assessment:
Improving Learning in Secondary
Classrooms*http://dx.doi.org/10.1787/

9789264007413-en

ResearchNed. 2015. *Invulling en
inrichting van een tegemoetkoming
studiekosten lerarenopleidingen
voortgezet onderwijs*(Content and
Structure of an Allowance of Study
Costs Secondary Education
Teacher Education). Nijmegen:
esearchNed.

Sahlberg, P. 2010. *The Secret to
Finland's Success: Educating
Teachers*. Stanford Center for
Opportunity Policy in Education
Research Brief.
https://edpolicy.stanford.edu/sites/def
ault/files/publications/secret-finland%
E2%80%99s-success-educating-teac
hers.pdf

Schleicher, A. 2016. *Teaching
Excellence through Professional
Learning and Policy Reform:
Lessons from around the World*.
International Summit on the
Teaching Profession. Paris: OECD
Publishing.
http://dx.doi.org/10.1787/978926425
2059-en

_____. 2013. "What teachers know and
how that compares with college
graduates around the world."
Education and Skills Today blog.
Paris: OECD.
http://oecdeducationtoday.blogspot.fr
/2013/11/what-teachers-know-and-h
ow-that.html

_____. 2011. *Building a High-Quality
Teaching Profession: Lessons from
around the World*. Paris: OECD
Publishing
http://dx.doi.org/10.1787/978926411
3046-en

The Netherlands Association of Universities of Applied Sciences. 2015. *Analyse Instroomontwikkeling 2015~2016*(Analysis Instream Development 2015~2016). The Netherlands Association of Universities of Applied Sciences. www.vereniginghogescholen.nl/system/knowledge_base/attachments/files/000/000/507/original/Analyse_instrom_2015_obv_1-cijfer-HO.pdf?1454921757

Van der Boom, E., S. Vrielink and P. Fontein. 2015. *Loopbaanmonitor 2015*(Career Monitor 2015). Tilburg: CentERdata and MOOZ.

Van der Boom, E., S. Vrielink and A. Vloet. 2014. *Loopbaanmonitor 2013. Begeleiding van beginnende leraren*(Career Monitor 2013: Supervising Starting Teachers). Tilburg: CentERdata and MOOZ.

Van der Rijst, R., D. Tigelaar and J. van Driel. 2014. "Effecten van selectie ten behoeve van de lerarenopleidingen. Een literatuurreview in opdracht van NRO"(Effects of selection on teacher education programmes: A literature review commissioned by the National Research Organisation). ICLON, Universiteit Leiden. www.nro.nl/wp-content/uploads/2015/03/Effecten-van-selectie-ten-behoeve-van-de-lerarenopleidingen_Vander

Rijst.pdf

Van der Steeg, M., S. Gerritsen and S. Kuijpers. 2015. "The effects of higher teacher pay on teacher retention Evidence from regional variation in teacher salaries." *CPB Discussion Paper*, No. 316. The Hague: Central Bureau for Economic Policy Analysis(CPB). www.cpb.nl/sites/default/files/publicaties/download/cpb-discussion-paper-316-effects-higher-teacher-pay-teacher-retention_0.pdf

Van Tartwijk, J. and D. Lockhorst. 2014. *Publiekssamenvatting Onderzoeksrapport evaluatieonderzoek veranderaanpak leerKRACHT 2013~2014*(Public Summary of Research Report Evaluation Change Approach LeerKRACHT 2013~2014). University of Utrecht and Oberon. www.oberon.eu/data/upload/Portfolio/files/publiekssamenvatting-evaluatie-leerkracht-2014-2015.pdf

Van Veen, K., J. H. van Driel and I. Veldman. 2011. "Relaties tussen masterniveau en kwaliteit van onderwijs: Conclusies en verklaringen vanuit onderzoek"(Relationship between masterlevel and quality of education: Conclusions and explanations from research). Groningen: ICLON/Expertisecentre Learning of Teachers.

6

학교 지도자 집중 조명

PUTTING THE SPOTLIGHT ON SCHOOL LEADERS IN THE NETHERLANDS

네덜란드처럼 고도로 분권화된 학교 시스템에서 학교 리더십의 질은 특별히 중요한데도 불구하고 그에 비해 정책적 관심을 거의 받지 못했다. 학교 지도자들은 대개 표준적으로 업무를 수행하지만 지금까지 나온 증거로 볼 때 네덜란드는 교육 야망을 실현하기 위해 학교 지도자들의 능력을 더욱 제고할 필요가 있다. 6장에서는 네덜란드가 우수한 학교 지도자들을 육성하기 위해 해결해야 하는 과제와 해법을 검토한다. 또한 전문성 협동과 지속적인 개선 문화에 기초한 리더십 발전에 전략적으로 접근할 필요가 있음을 집중적으로 살펴보고, 학교 지도자들의 자질 향상이 어떻게 전문성 발전을 뒷받침할 수 있는지 검토한다. 나아가 학교 지도자들의 역량을 구축할 필요성과 학교의 자기 평가를 수행할 지도부를 갖출 필요성, 학교가 학습 조직으로 발전하도록 뒷받침하는 제도의 필요성을 논의한다.

학교 리더십 이슈에 대한 무관심

학교 리더십은 그 중요성에 비해 정책적 관심을 받지 못했다

네덜란드를 포함한 다수의 OECD 국가에서 학교 자율성이 증대하면서 학교 지도자의 역할이 더욱 중요하게 되었다(Pont, Nusche & Moorman, 2008; Schleicher, 2012; Verbiest, 2007). 그러나 학교 리더십 이슈는 네덜란드에서 정책적 관심을 거의 받지 못했는데, 학교지도자총협회(AVS) 회원(초등학교 지도자) 10명 중 8명(83%)은 정부가 학교 지도자들에게 충분히 관심을 기울이지 않는다고 답했다(AVS, 2012). 또한 2013년 세계교사지위지수(Global Teacher Status Index)에 따르면 네덜란드는 학교 지도자에 대한 존경심이 참가국 가운데 두 번째로 낮은 국가이다(Varkey GEMS Foundation, 2013).

학교 지도자들이 정책 논의에 항상 관여하는 것은 아니다

여러 부문 평의회로 대표되는 학교 이사회는 교육문화과학부가 정책을 개발하고 모니터할 때, 예를 들어 초등교육평의회(PO-Raad) 및 중등교육평의회(VO-Raad)와 부문 협약을 맺을 때 접촉하는 핵심 대상이다. 학교 지도자들을 정책 논의에 참여시키기 어려운 부분적인 이유는 그들이 조직화되지 않았다는 사실에 있을 것이다. AVS가 초등학교 지도자들의 이익을 대변한다면, 중등 교사들을 대표하는 협회인 학교지도자네트워크(NVS)는 2015년 11월에야 설립되었다.

표 6-1

초·중등 학교 지도자의 표준 능력

초등학교 지도자 능력	중등학교 지도자 능력
1. 비전을 지향하는 운영	1. 공유할 비전과 방향 제시
2. 환경과의 관계	2. 초등교육 과정을 위해 일관성 있는 조직 확립
3. 교육을 지향하는 조직의 특성 형성	3. 협력·학습·연구 장려
4. 모든 수준에서 협력·학습·연구를 위한	4. 환경에 전략적으로 대처
전략 운영	5. 분석과 문제 해결(고차적 사고)
5. 고차적 사고	

자료: Andersen & Krüuger(n.d.); Secondary Education Academy(2014).

학교 지도자들에게 기대하는 것

초·중등교육을 위한 리더십 능력이 정립되었다

교육문화과학부의 '교사를 위한 행동계획 2020'은 모든 초·중등 학교 지도자들과 상급중등직업교육의 지도부·중간관리팀이 소정의 전문성 능력을 갖추어야 한다고 제안한다(MoECS, 2011). 최근 개정된 능력 요건(〈표 6-1〉)은 초·중등학교 지도자들에게 일상 실무, 교과, 교육프로그램에 대한 지침을 제공한다. 상급중등직업학교의 경우에는 아직 그러한 능력 요건이 정립되지 않았다.

현행 리더십 능력 규정이 제공하는 지침은 제한적이다

〈표 6-1〉에서 보는 표준 능력은 비교적 추상적이라 학교 이사회가 학교 지도자를 선발하고 그 역량을 평가·개발하는 기초로 삼기

미래의 초석, 네덜란드 교육

박스 6-1

오스트레일리아의 교장과 리더십 요건을 위한 전문성 표준

'오스트레일리아의 교장과 (더 자세한) 리더십 요건을 위한 전문성 표준'은 효과적으로 큰 영향을 미치는 학교 리더십에 관해 공유된 비전, 명료한 이해, 공통의 언어를 만들어 전파한다. 이 '표준'은 맥락이나 경험에 관계없이 교장들에게 적용될 수 있다. '표준'의 강조할 만한 구체적 요소들은 교장들이 맥락, 역량, 커리어 단계 등에 대응하면서 그때그때 달라진다. 이 '표준'이 근거하는 세 가지 리더십 요건은 ① 비전과 가치관, ② 지식과 이해력, ③ 개인적 품성과 사회적·대인관계 기량이다.

이러한 리더십 요건은 다음과 같은 다섯 가지 핵심적 직업 실무를 통해 실행된다. ① 교습과 학습을 선도, ② 본인 및 타인의 기량 개발, ③ 개선·혁신·변화를 선도, ④ 학교 관리 영도, ⑤ 공동체 참여 및 협력이다.

학교 프로필 관리를 이끌기

교장은 교육 목표와 학교의 비전·가치관에 따라 관리 절차와 과정을 정비하고 고용 관행·결정이 법적 요건과 일치하도록 보장한다. 또한 학교의 일상적 운영을 유지하고 학업 성적에 미치는 영향과 경제성을 평가하기 위해 자원을 효과적으로 배분한다. 교직원들에게 학교의 비전과 가치관을 알려주고 이를 뒷받침하는 실무적 과업 간의 관계를 명확히 하는 역할도 한다.	교장은 효과적인 의사 결정 절차를 확립하고 응집력 있는 지도부를 구축하며 어떤 데이터가 중요한지 분석한다. 그리고 학생들의 학습 성과를 뒷받침하기 위해 데이터를 어떻게 사용할지 계획한다. 또한 정보를 기록·분석·공유하고 목표 대비 진척 상황을 모니터하며 새로운 업무 방식을 지원하기 위해 기술을 최대한 이용한다. 모범적인 교직자 행동 모델을 수립하고 윤리적 표준을 학교 공동체 전체에 진작하는 일도 한다.	교장은 학교의 순조롭고 효율적인 운영에 집단 책임을 지는 교직원들이 관리 절차를 충분히 이해하도록 만든다. 또한 학교는 모든 교직원을 유치해서 이직을 막고 동기를 부여할 수 있도록 보장하기 위해 인적자원 관리의 모범 실무를 도입한다. 또한 공식적인 전략 계획을 개발하기 위해 학생, 교직원 등 학교 공동체와 폭넓게 상의를 하는 접근법을 취한다.	교장은 학교 관리에 영향을 미칠 수 있는 추세와 요인을 식별하고 이에 대비하며 학교 성과를 제고하기 위해 절차와 데이터 사용의 효과성을 검토한다. 또한 모범적 관리 실무와 자원 이용을 다른 학교·교육 네트워크와 공유하고 모두가 높은 기준을 성취하도록 검토하며 책임지는 문화를 만든다. 특히 책임을 공유하는 문화를 확립한다.

발전 경로: 교장의 능숙도 증가 ➤

자료: Schleicher, A.(2011); AITSL(2015).

에는 미흡하다(Inspectorate of Education, 2014a). 또한 인적자원 관리의 핵심 이슈들은 거의 주목받지 못했는데 오스트레일리아와 싱가포르처럼 기대를 더욱 명료하게 규정할 필요가 있다(5장의 〈박스 5-3〉 참조).

학교 지도자가 되는 길

학교 지도자의 봉급은 충분히 매력적이지 않다

다른 나라들처럼 네덜란드의 학교 지도자 봉급도 학교 규모에 따라 다르다(EACEA, 2015). 학교 지도자와 교사 간의 봉급 차이는 적은데, 규모가 작은 초등학교(학생 200명 미만)의 교장은 최고 봉급을 받는 교사보다 봉급을 최대 7% 더 받을 뿐이다. 리더십 공백을 메우는 데 어려움이 거의 없다고 하지만(Lubberman, Mommster & Wester, 2015), 최고 인재를 유치하기에는 봉급이 충분하지 않을 수 있다. 상대적으로 낮은 학교 지도자의 사회적 지위와 앞으로 닥칠 은퇴의 물결로 인해 이 문제는 현안으로 떠올랐다(Inspectorate of Education, 2014a, 2015).

대부분의 학교 지도자는 일정한 리더십 훈련을 받는다

학교 이사회는 공개적인 선발 과정을 거쳐 학교 지도자를 임명한다. 다른 많은 국가와 달리 네덜란드는 학교 지도자에게 교직 경험을 요구하지 않지만 대개가 유경험자이다(Pont, Nusche & Moorman, 2008; Nusche et al., 2014). 또한 대부분의 학교 지도자가 비의무적인 훈

온타리오 리더십 전략

온타리오 주는 '온타리오 교육 활성화'라는 교육개선 전략을 설계하고 시행했다. 이 전략의 3대 목표는 ① 학업 성취 수준을 높여 학생의 75%가 6등급의 주 표준을 성취하고 85%의 졸업률을 달성하기, ② 학업 성취의 간격 좁히기, ③ 공교육에 대한 주민의 신뢰 늘리기였다.

이러한 교육개선 전략을 뒷받침하기 위한 '온타리오 리더십 전략'은 학교와 학교 이사회에서 가능한 최고 품질의 리더십을 육성하는 것을 겨냥한 것이다. 이 전략의 양대 목표는 ① 교장 지위에 적임자 유치하기, ② 교장과 교감이 가능한 최고의 교육지도자로 발전하도록 지원하기이다. 이 전략 내에서 리더십의 얼개는 다음의 다섯 개 항목을 포함한다. ① 방향 설정하기, ② 관계 구축과 인재 육성하기, ③ 조직 발전시키기, ④ 교육 프로그램 이끌기, ⑤ 책임성 확보하기. 이 얼개는 지역적 상황에 따라 변용되어 신임 교장 평가 시스템에 사용되며, 훈련과 개발용으로도 쓰인다.

신임 학교 지도자의 자격 요건은 ① 학사 학위, ② 5년의 교편 경험, ③ 학교 수준(초·중·고)별 증명서, ④ 두 개의 (명예)전문가 추가 자격(교육 전문 분야) 또는 석사 학위, ⑤ 125시간의 실습 프로그램인 '교장 자격 프로그램(PQP)' 이수이다.

자료: OECD(2010).

런을 받는데(Bal & De Jong, 2007), 2013년 교수·학습국제조사(TALIS)에 따르면, 거의 모든 중등교육 저학년 지도자들이 취임 전후로 학교 행정이나 교장 훈련 코스에 참가했다(OECD, 2014).

신임 학교 지도자를 위한 오리엔테이션이 발달하지 않았다

신임 학교 지도자들을 위한 양질의 오리엔테이션 프로그램이 가치가 크다는 연구 결과가 있지만(Pont, Nutsche & Moorman, 2008), 네덜란드에서 이런 프로그램이 흔한 것은 아니다. 최근 조사에 따르면 근래 임명된 학교 지도자 가운데 종류를 불문하고 오리엔테이션이나 멘토링 프로그램에 한 번이라도 참여한 적이 있는 사람은 절반에 못 미쳤고, 겨우 12%만 실질적인 프로그램에 참여한 정도였다(Andersen et al., 2012). 교육문화과학부는 이러한 프로그램을 의무화해 국가 발전 전략 속으로 통합한 캐나다 온타리오 주, 뉴질랜드, 오스트레일리아 빅토리아 주 등의 사례를 참고할 수 있을 것이다(〈박스 6-2〉 참조).

리더십의 품질 높이기

학교 지도자의 성과를 제고할 수 있다

교육감독청(Inspectorate of Education, 2014a)은 초·중등교육에서 학교 지도자들의 성과가 전반적으로 충분하다고 판단했지만, 그들 가운데 3분의 1 이상은 하나 이상의 능력에서 표준 이하의 점수를 기록했으며 양호하거나 우수한 지도자는 극히 드물었다. 초등학교 지도자들은 신뢰 구축과 확실한 행동 면에서는 양호하지만 위험 예측과 복잡한 문제의 해결에서는 기량이 부족한 것으로 나타났다. 또한 중등학교 지도자들은 규제와 적용에 대해서는 잘 알고 있으나 자신의 행동을 반성하거나 전문성과 관련된 학습 문화를 창조하고 데이터를 사용하는 데에는 능력이 떨어졌다. 다른 보고서들은 교육적 리더십을 제공하고 인적자원 관리 정책을 입안하는 학교 지도자들의 역량에 한계가 있다고 지적했다(예컨대 Education Council, 2013; Oberon, Kohnstamm Institute & ICLON, 2014). 이 책은 이러한 연구 결과를 뒷받침한다.

상급중등직업교육(MBO)에는 학교 지도자들에 관한 정보가 거의 없다

직업학교의 리더십은 다수의 다른 나라와 마찬가지로 네덜란드에서도 중요한 주제이나 대체로 검토되지 않았다. 대개 직업학교 지도자는 일반학교보다 훨씬 다양한 교사진(종종 학문적 배경보다는 산업체 경력을 가진 교사들을 포함)을 관리해야 한다. 직업학교 지도자는 업무기반의(work-based) 학습을 제공하는 고용주와 긴밀한 협력관계를 수립할 필요가 있으며, 특히 저학년 MBO 레벨에서 학과 성적이 가장 낮은 불우 학생들의 요구에 대해 고심해야 하는 경우가 자주 있다. 이는 복합적이고 심각한 과제이지만 MBO의 리더십에 관해 이용할 수 있는 정보는 거의 없다. MBO의 팀 리더와 중간 관리자를 위한 능력 표준을 개발한다면 일보 전진이 될 것이다.

학습 조직으로서의 학교 리더십

학교 지도자는 학교를 학습 조직으로 변모시키는 데 핵심 역할을 수행한다

학교 지도자의 요건을 효과적인 학교교육이라는 공유된 비전과 연계시킬 필요가 있다. 이것은 학교가 학습 조직이라는 관념과 관계가 있는데, 이 관념은 네덜란드에서 '교사 의제(Agenda) 2013~2020'을 통해 진작되고 있다(MoECS, 2013). 연구에 따르면, 교사의 유능함은

박스 6-3

'학습 조직인 학교'의 주요 특성

OECD 연구는 조직 행태, 지식 관리, 학습 과학, 학교 개선, 효과성 등을 다루는 학습 조직 문헌과 기타 연구에 의지한다. 학습 조직으로서의 학교 모델은 일곱 개 차원으로 구성되며, 차원마다 각국 전문가 그룹의 검증을 거친 다수의 요소가 포함된다.

1. 모든 학생의 학습에 초점을 맞춘 비전을 개발하고 공유하기.
2. 모든 교직원의 지속적인 전문성 학습을 장려하고 지원하기.

3. 모든 교직원의 팀 학습과 협동을 장려하기.
4. 조사·혁신·탐구 문화를 수립하기.
5. 지식과 학습을 수집하고 교환하는 시스템을 확립하기.
6. 외부 환경 및 더 큰 학습 시스템에서 배우기.
7. 학습 리더십을 모델화하고 육성하기.

학습 조직인 학교의 일곱 개 차원 가운데 하나와 그 기저를 이루는 핵심 요소는 아래 표와 같다.

학습 조직으로서 학교가 해야 할 일	요소
학습 리더십을 모델화하고 육성하기	• 학교 지도자는 학습 리더십 모델을 수립하고 리더십을 전파하며, 학생들을 포함한 다른 지도자 육성을 돕는다. • 지도자는 전향적이며 창조적인 변화의 주도자이다. • 학교 지도자는 전문성과 관련된 대화, 협동, 지식 교환을 촉진하기 위해 문화·구조·환경을 개발한다. • 학교 지도자는 조직의 행동이 비전·목표·가치관과 일치하도록 만든다. • 학교 지도자는 학교가 학습·변화·쇄신의 '리듬'을 타도록 만든다. • 학교 지도자는 다른 학교, 학부모, 공동체, 상위 교육기관 등 여러 파트너와의 굳건한 협동을 촉진하고 참여한다. • 학교 지도자는 학생들의 학습과 기타 필요에 통합적 접근이 이루어지도록 대응한다.

자료: Kools & Stoll(2016).

동료와 협동하고 동료로부터 배우는 데 달려 있으며(Schleicher, 2011; Hattie, 2008), 학교 지도자는 협동을 정착시키는 데 필수적인 역할을 수행한다(Fullan, 2006; Pont, Nusche & Moorman, 2008). 그러나 2013년 TALIS에 따르면, 네덜란드 교장의 절반 미만(43%)만 새로운 교습 실무를 개발하고 교실 수업을 참관하도록 교사들 사이의 협력을 적극 뒷받침한다(OECD, 2014). 학교 지도자가 성공하려면 충분한 시간과 기타 자원을 협동 근무에 배분할 필요가 있다(Silins, Mulford & Zarins, 2002; OECD, 2015; 〈박스 6-2〉 참조). 동료를 검토하고 기타 형태로 동료와 학습하는 데 필요한 추가 시간과 자원은 2014~2017년 단체 노동협약과 초·중등교육 부문 협약[1]에서 규정되었다. 앞으로 개정 '교육시간법'에 따라 중등학교가 협동 학습활동을 조직할 수 있는 재량권은 더욱 커질 테지만, 아직까지 학교 이사회와 교사뿐 아니라 다수의 학교 지도자들도 충분한 열의를 가지고 협동 근무·학습을 추진하지는 않는다(MoECS, 2015; Oberon, Kohnstamm Institute & ICLON, 2014).

학교 지도자는 대개 데이터를 효과적으로 사용할 줄 모른다

자신이 먼저 필요한 데이터를 사용할 줄 알고, 교사들에게도 데이터 사용을 지도할 수 있는 학교 지도자들의 역량은 시험성적을

---

1   부문 협약은 2014~2017년 기간 각 부문(초등교육과 중등교육)의 비전을 기술하고 있다. 부문 협약에는 우선순위, 목표, 조치 및 투자에 관한 항목이 들어 있다.

올리고 학교 문화를 바꾸는 데 필요한 학교 개선의 중심 교의이다 (Wayman et al., 2009). 그러나 네덜란드에는 이러한 역량이 결여된 학교 지도자가 많다(Oberon, Kohnstamm Institute & ICLON, 2014; Schildkamp & Poortman, 2015; Inspectorate of Education, 2015). 예를 들어 2013년 TALIS에서 네덜란드 교장의 16%(TALIS 평균은 11%)가 학교 교육 프로그램을 개발하는 데 학생 성적 데이터를 사용하지 않았다고 답했으며 (OECD, 2014) 여러 보고서가 학교의 자기평가 역량을 의문시했다 (Block, Sleegers & Karsten, 2008; Janssens & De Wolf, 2009; Inspectorate of Education, 2015). 또한 어느 OECD 보고서(Nusche et al., 2014)는 학교 지도자가 자신의 학교를 평가할 수 있는 역량을 구축해야 한다고 강조했다.

학교를 학습 조직으로 변모시키려는 지속적인 노력이 필요하다

교육문화과학부는 최근에 중단된 '학교 개선계획'(학교가 학습 조직으로 발전하도록 지원하는 데 목적을 둠)을 포함해 여러 지원 프로그램을 시행했다. 이러한 취지에서 자기평가와 개선 계획을 지원하기 위한 '교육문화과학부 개발 모델 학습 기관'이 발족되었다. 앞으로 교육문화과학부는 학습 조직에 필수적인 다른 요소에 초점을 맞추고(〈박스 6-3〉 참조), 다른 형태의 협동 학습에 피드백을 제공하는 쪽으로 초점을 확대하며, 다른 학교 및 교사 훈련 기관과의 협동을 더욱 강조할 수 있을 것이다(5장 참조).

모범 실무를 더 많이 공유할 여지가 있다

우수한 성과를 낸 학교 사례는 많이 있다(예컨대 www.excellen tescholen.nl 참조). 이들 학교는 '교사 힘 재단'(〈박스 5-2〉)이나 트벤테 (Twente)대학교의 '데이터 팀' 계획과 같은 지원 프로그램에 참여하고 있는데(Schildkamp & Poortman, 2015), 이러한 프로그램에서 교사와 학교 지도자는 상호 협력해 교습과 학습의 품질을 개선한다. 이렇게 높은 성과를 내는 학교의 구조·절차와 그 학교 지도자의 작업에 관해 공부하면 얻을 것이 많다(Inspectorate of Education, 2014a).

지속적인 전문성 개발

2015년 초등학교 지도자 등록제가 의무화되었다

학교 지도자는 자신의 기량을 지속적으로 업그레이드하면서 특별히 교사들도 본받아 따라할 수 있도록 역할 모델이 될 필요가 있다(Fullan, 2014). 네덜란드는 오스트레일리아, 캐나다 온타리오 주, 스코틀랜드 등의 사례를 본받아(Schleicher, 2011; Van Dijk, Gaisbauer & Scheeren, 2013) 초등학교 지도자의 의무적 등록제를 도입했고, 2016년에는 중등학교 지도자의 자발적 등록제를 도입했다. 그러나 이러한 등록제 도입만으로는 불충분하며 등록이 학교 지도자의 실제 성과와 연결되지도 않는다. 또한 교장 10명 중 4명은 자신의 능력 수준을 과대평가하는 경향이 있다(Inspectorate of Education, 2014a). 좀 더 의미 있는 등록제가 되게 하려면 오스트레일리아와 스코틀랜드처럼 등록을 커리어 발전과 연계시켜서 학교 지도자가 등록에 책임지도록 할 수 있을 것이다(Lawrence et al., 2006; Donaldson, 2010).

전문성 개발 장벽에 봉착한 학교 지도자들이 많다

원칙적으로 학교 이사회는 학교 지도자를 관리하는 데 중심적인 역할을 수행하지만, 모든 학교 이사회가 전문성 개발에 그러한 역할을 충분히 하는 것은 아니다(Inspectorate of Education, 2014a, 2015; AVS, 2012). 거의 모든 네덜란드 교장들이 2013년 TALIS 전의 12개월 동안 일정 형태의 전문성 개발에 참여했으나 훈련 강도는 TALIS 국제 평균의 절반 정도로 낮았다. 약 5명 중 1명꼴로 전문성 개발에 참여하지 않았는데 그 이유는 너무 비싸서(19.4%), 근무 일정과 충돌해서(20.8%) 등이었고 12%는 고용주의 지원 결여가 참여 장벽이라고 답했다(OECD, 2014). AVS에 따르면 초등학교 지도자의 4분의 3은 자신의 전문성 개발을 가로막는 장벽을 느끼지만(AVS, 2012), 학교 이사회는 학교 지도자의 약한 동기부여가 전문성 개발을 막고 있다고 말한다.

학교 이사회는 더욱 효과적으로 평가할 수 있는 역량을 개발할 필요가 있다

학교 지도자의 성과는 부분적으로 건설적 평가와 감독자의 피드백에 의존하는데도 불구하고(Inspectorate of Education, 2014b) 초등학교 이사회의 10분의 1, 중등학교 이사회의 5분의 1이 학교 지도자와 연례 평가회를 열지 않는다(Inspectorate of Education, 2014a). 또한 학교 지도자의 38%는 학교 이사회의 평가가 자신의 전문성 개발을 지원하는 구체적 조치로 이어지지 않는다고 말했다(Andersen et al., 2012). 또한 교육감독청은 흔히 개인의 발전 계획이 없는 것이 장애물이며, 평가를 수행할 기량이 부족한 학교 이사회가 많다고 보았다(Inspectorate of Education, 2014a). 스코틀랜드와 온타리오 주가 평가 지침을 지원 자료 및 수단과 함께 개발하고(OECD, 2016; Ontario Ministry of Education, 2013), 네덜란드도 초등학교 지도자들을 위한 온라인 수단(NSA EFFECt)을 개발했지만 아직 중등학교 수준의 지도자를 위한 수단은 마련하지 못한 상태이다.

권고 9: 협동이 원활히 이루어지고 지속적인 개선 문화가 촉진되도록 리더십 전략을 개발하라

리더십 전략은 체계적이어야 한다

네덜란드에서는 학교 리더십을 강화하기 위한 여러 계획이 추진되었다. 그러나 이러한 계획들은 좀 더 체계적이고 야심찬 계획으로 발전되어야 한다. 네덜란드가 개발해야 할 리더십 전략은 다음과 같다.

* 학교 지도자, 교사, 학교 이사회 간 협동을 촉진하고 개선 문화를 지속적으로 연계 발전시켜야 한다. 또한 이것은 모든 학교를 학습

조직으로 만들겠다는 교육문화과학부의 야심과 맞아떨어져야 한다.

- 교육문화과학부는 학교 지도자를 위해 의무적 국가 오리엔테이션 프로그램을 수립하고 양질의 오리엔테이션과 멘토링을 확실히 지원하는 방안을 검토해야 한다. 또한 학교 이사회는 모든 신임 학교 지도자가 이러한 프로그램에 참여하도록 보장해야 한다. 오리엔테이션 기간을 성공적으로 마치는 것은 (모든 교육 수준에서) 의무적인 학교 리더십 등록을 위한 출발점이 될 것이다.

- 학교 이사회는 모든 학교 지도자에 대한 연례 평가를 (관료주의적 실시가 아니라 전문성 개발을 촉진하는 데 적합한 실용적 수단으로서) 보장해야 한다. 또한 학교 목표에 맞춰 평가하고 자기 개발을 계획하도록 학교 이사회 구성원에게 훈련을 충분히 제공해야 한다.

- 네덜란드는 학교 자체 평가를 수행할 수 있는 학교 지도자와 지도부의 역량을 지속적으로 구축해야 한다. 학교 지도자가 갖추어야 할 역량으로는 교내외에서 협동을 촉진하고 적극적으로 참여하기, (다른 학교, 교사 훈련 기관, 기업 등과) 전략적 동반자 관계 수립하기, 데이터를 사용하고 데이터 사용을 장려하기, 지속적 개선을 지향하는 학습 문화에서 자기 평가를 촉진하기 등이다. 학교, 그중에서도 특히 성과가 저조한 학교가 '교사 의제 2013~2020'의 핵심 목표인 학습 조직으로 발전하려면 지원이 필요할 것이다. 강력한 학교 지도자는 이러한 발전의 전제 조건이다.

참고문헌

Andersen, I. and M. Krüuger. n.d. *Professionele Schoolleiders. Beroepsstandaard voor schoolleiders in het Primair Onderwijs*(Professional School Leaders. Professional Standard for School Leaders). Schoolleidersregister PO. www.schoolleidersregisterpo.nl/filead min/user_upload/onderzoek-en-publi caties/Beroepsstandaard-Professionel e-Schoolleiders.pdf

Andersen, I. et al. 2012. *Onderzoeksrapport Professionalisering van Schoolleiders*(Research Report Professionalisation School Leaders). NSA. www.avs.nl/sites/default/files/docume nten/artikelen/12332/NSA%20Onderz oeksrapport%20Professionalisering% 20van%20schoolleiders%20(2012).pdf

AITSL. 2015. *Australian Professional Development Standards for Principals and the Leadership Profiles*. Australian Institute for Teaching and School leadership. www.aitsl.edu.au/docs/default-source /school-leadership/australian-professi onal-standard-for-principals-and-the-l eadership-profiles.pdf?sfvrsn=4

AVS. 2012. *Onderzoeksrapportage professionalisering 2012. Ervaringen professionalisering bij leden van de Algemene Vereniging Schoolleiders*(Research Report Professionalisation 2012: Experiences Professionalisation with Members of the General Association School Leaders). Utrecht: AVS(General School leaders Association).

Bal, J. and J. de Jong. 2007. "Improving school leadership – OECD review: Background report for the Netherlands." prepared for the Ministry of Education, Culture and Science. www.oecd.org/education/preschoola ndschool/38639469.pdf

Blok, H., P. Sleegers and S. Karsten. 2008. "Looking for a balance between internal and external evaluation of school quality: Evaluation of the SVI model." *Journal of Education Policy*, Vol. 23, No. 4, pp. 379~395.

Donaldson, G. 2010. *Teaching Scotland's Future: Report of a Review of Teacher Education in Scotland*. Edinburgh: Scottish Government by APS Group Scotland. www.gov.scot/resource/doc/337626/ 0110852.pdf

EACEA. 2015. *Teachers' and School Heads' Salaries and Allowances in Europe 2014~2015*. Brussels: Education, Audiovisual and Culture Executive Agency. http://eacea.ec.europa.eu/education/ eurydice/documents/facts_and_figure s/188EN.pdf

Education Council. 2013. "Kiezen voor
kwalitatief sterke leraren"(Choosing
for qualitatively strong teachers).
www.onderwijsraad.nl/upload/docum
ents/publicaties/volledig/kiezen-voor-
kwalitatief-sterke-leraren.pdf

Fullan, M. 2014. *The Principal: Three
Keys for Maximizing Impact.*
San-Fransisco: Jossey-Bass.

_____. 2006. "Quality Leadership,
Quality Learning: Proof Beyond
Reasonable Doubt." Paper prepared
for the Irish Primary Principals'
Network(IPPN), Liionra,
Glounthaune, Co. Cork.
www.michaelfullan.ca/media/133960
69930.pdf

Hattie, J. 2008. *Visible Learning: A
Synthesis of Over 800
Meta-Analyses Relating to
Achievement.* Oxford: Routledge.

Inspectorate of Education. 2015. *The
State of Education in the
Netherlands in 2013~2014.* Utrecht:
Inspectorate of Education.
www.onderwijsinspectie.nl/binaries/c
ontent/assets/publicaties/2015/08/th
e-state-of-education-in-the-netherlan
ds-2013-2014---printable-version.pdfm

_____. 2014a. "De kwaliteit van
schoolleiders in het basisonderwijs,
speciaal onderwijs en voortgezet
onderwijs"(The quality of school
leaders in primary education,
special education and secondary
education). Utrecht: Inspectorate of
Education.
www.onderwijsinspectie.nl/binaries/c
ontent/assets/Documents+algemeen/
2014/20140326-definitief-rapport-the

maonderzoek-schoolleiding.pdf

_____. 2014b. *De staat van het
onderwijs in Nederland: Hoofdlijnen
van het 2012~2013
Onderwijsrapport*(The State of
Education in the Netherlands:
Highlights of the 2012~2013
Education Report). Utrecht:
Inspectorate of Education.
www.onderwijsinspectie.nl/binaries/c
ontent/assets/Onderwijsverslagen/20
14/the-state-of-education-in-the-neth
erlands-2012-2013-print.pdf

Janssens, F. J. G. and I. de Wolf.
2009. "Analyzing the assumptions
of a policy program: An ex-ante
evaluation of 'educational
governance' in the Netherlands."
American Journal of Evaluation, Vol.
30, No. 3, pp. 411~425.

Kools, M. and L. Stoll. 2016. "What
makes a school a learning
organisation?" *OECD Education
Working Papers*, No. 137. Paris:
OECD Publishing.

Lawrence I. et al. 2006. *Standards for
School Leadership: A Critical
Review of Literature.* Canberra:
Australian Institute for Teaching and
School leadership(AITSL).
www.aitsl.edu.au/docs/default-source
/default-document-library/standards_f
or_school_leadership_-_a_critical_revi
ew_of_literature

Lubberman, J., A. Mommers and M.
Wester. 2015.
*Arbeidsmarktbarometer po, vo,
mbo 2014~2015*(Labour Market
Barometer Primary Education,
Secondary Education and Upper
Secondary Vocational Education

2014~2015). Nijmegen,: ITS Radboud University Nijmegen. https://www.rijksoverheid.nl/binaries/rijksoverheid/documenten/rapporten/2015/10/01/arbeidsmarktbarometer-po-vo-en-mbo-2014-2015/arbeidsmarktbarometer-po-vo-en-mbo-2014-2015.pdf

MoECS. 2015. "Kamerbrief over de voortgang verbeterpunten voor het leraarschap"(Parliamentary letter about the improvement points for the teaching profession). Ministry of Education, Culture and Science. www.rijksoverheid.nl/binaries/rijksoverheid/documenten/kamerstukken/2015/11/04/kamerbrief-over-de-voortgang-verbeterpunten-voor-het-leraarschap/kamerbrief-over-de-voortgang-verbeterpunten-voor-het-leraarschap.pdf

_____. 2013. *Leraren agenda 2013~2020: de leraar maakt het verschil*(Teachers Agenda 2013~2020: The Teacher Makes the Difference). Ministry of Education, Culture and Science. www.delerarenagenda.nl/documenten/publicaties/2015/01/01/lerarenagenda-oktober-2013

_____. 2011. *Aktie Plan 2020*(Action Plan Teacher 2020). The Hague: Ministry of Education, Culture and Science. https://www.rijksoverheid.nl/binaries/rijksoverheid/documenten/rapporten/2015/10/01/arbeidsmarktbarometer-po-vo-en-mbo-2014-2015/arbeidsmarktbarometer-po-vo-en-mbo-2014-2015.pdf

Nusche, D. et al. 2014. *OECD Reviews of Evaluation and Assessment in Education: Netherlands 2014*. OECD Reviews of Evaluation and Assessment in Education. Paris: OECD Publishing. http://dx.doi.org/10.1787/9789264211940-en

Oberon, Kohnstamm Institute and ICLON. 2014. "Leren met en van elkaar. Onderzoek naar de professionele leercultuur in het voortgezet onderwijs"(Learning with and from each other. Research on the professional learning culture in secondary education). Oberon, Kohnstamm Instituut and ICLON. www.vo-raad.nl/userfiles/bestanden/SLOA/Rapport-onderzoek-prof-leercultuur-vo.pdf

OECD. 2016. *Improving Schools in Scotland: An OECD Perspective*. Paris: OECD Publishing. www.oecd.org/edu/Improving-Schools-in-Scotland-An-OECD-Perspective.pdf

_____. 2015. *Improving Schools in Sweden: An OECD Perspective*. Paris: OECD Publishing. www.oecd.org/edu/school/Improving-Schools-in-Sweden.pdf

_____. 2014. *TALIS 2013 Results: An International Perspective on Teaching and Learning*. TALIS. Paris: OECD Publishing. http://dx.doi.org/10.1787/9789264196261-en

_____. 2010. *Improving Schools: Strategies for Action in Mexico*. Paris: OECD Publishing. http://dx.doi.org/10.1787/9789264087040-en

Ontario Ministry of Education. 2013.

Principal/Vice-Principal Performance Appraisal – Technical Requirements Manual 2013. Ontario Ministry of Education. www.edu.gov.on.ca/eng/policyfunding/leadership/PPA_Manual.pdf

Pont, B., D. Nusche and H. Moorman. 2008. Improving School Leadership, Volume 1: Policy and Practice. Paris: OECD Publishing. www.oecd.org/edu/school/44374889.pdf

Schildkamp, K., and C. L. Poortman. 2015. "Factors influencing the functioning of data teams." Teachers College Record, Vol. 117.

Schleicher, A.(ed.). 2012. Preparing Teachers and Developing School Leaders for the 21st Century: Lessons from around the World. International Summit on the Teaching Profession. Paris: OECD Publishing. http://dx.doi.org/10.1787/9789264174559-en

Schleicher, A. 2011. Building a High-Quality Teaching Profession: Lessons from around the World. Paris: OECD Publishing. http://dx.doi.org/10.1787/9789264113046-en

Secondary Education Academy. 2014. Beroepsstandaard schoolleiders VO(Professional Standard School Leaders VO). Secondary Education Academy. www.vo-academie.nl/files/3714/1751/8232/Beroepsstandaard_Schoolleiders_VO_vastgesteld.pdf

Silins, H., B. Mulford and S. Zarins.

2002. "What characteristics and processes define a school as a learning organisation? Is it a useful concept to apply to schools?" International Education Journal, Vol. 3, No. 1, pp. 24~32.

Van Dijk, M., I. Gaisbauer and J. Scheeren. 2013. Registers voor Leraren en Schoolleiders in Internationaal Perspectief(Registers for Teachers and School Leaders in an International Perspective). The Hague: CAOP Research. www.arbeidsmarktplatformpo.nl/fileadmin/bestanden/opleiden_professionalisering/registers_voor_leraren_en_schoolleiders_in_internationaal_perspectief.pdf

Varkey GEMS Foundation. 2013. Global Teachers Status Index 2013. Varkey GEMS Foundation. www.varkeyfoundation.org/sites/default/files/documents/2013GlobalTeacherStatusIndex.pdf

Verbiest, E. 2007. "De gedisciplineerde school leider"(The disciplined school leader). Basisschool Management, Vol. 21, pp. 21~35.

Wayman, J. C. et al. 2009. "Using data to inform practice: Effective principal leadership strategies." Paper presented at the 2012 annual meeting of the American Educational Research Association, Vancouver, British Columbia, Canada. http://edadmin.edb.utexas.edu/datause/papers/Wayman%20Spring%20Lemke%20Lehr%20Principal%20Data%20Use%20Strategies.pdf

7

학교 이사회의 책임성과 역량 강화

STRENGTHENING ACCOUNTABILITY AND CAPACITY IN DUTCH SCHOOL BOARDS

네덜란드의 학교 이사회는 여러 분야에서 폭넓은 자율성을 누리며 교육 품질에 대한 책임을 점점 더 많이 지게 되었다. 그러나 학교 이사회의 책임성에는 의문의 여지가 있으며, 각 이사회의 규모도 제각각이기에 역량 면에서 상당한 도전 과제에 직면하게 되었다. 7장은 네덜란드 학교 시스템에서 학교 이사회와 관련한 주요 정책적 발전과 성과를 검토한다. 또한 학교 이사회의 업무를 좀 더 투명하게 하고 의미 있는 이의 제기가 가능하도록 활동을 공개함으로써 학교 이사회의 책임성을 어떻게 제고할 것인지 탐색한다. 더불어 학교 이사회의 관리 역량을 강화하는 것이 중요함을 강조하면서 학교 지도자에게 더 많은 권한을 부여함으로써 학교 이사회의 관리 역량 강화와 균형을 맞출 방법을 모색한다.

학교 거버넌스

학교 이사회의 크기와 모습은 매우 다양하며 핵심적 거버넌스 역할을 수행한다

분권화된 네덜란드 교육 시스템에서 종교기관과 시민 단체는 정부 규제를 충족하기만 하면 자유롭게 학교를 설립해 공적 자금을 지원받을 수 있다. 1980년대 이후 정부는 학교에 책임을 대폭 이양했다. 그에 따라 지방정부가 운영하는 학교들이 민간 재단에 인수되었고(학교 자체는 공립으로 남음), 총액 재정 지원[1]제도가 도입되면서 학교 이사회 스스로 지출을 선택할 수 있게 되었다(Van Twist et al., 2013). 역으로 국가 학습 목표와 시험 프로그램 수립을 통해 다시 중앙으로 권한이 집중되는 현상이 일부 발생하기도 했다. 또한 학교 이사회가 클수록 전문성과 재정 안정성이 낮다고 간주되어 학교 이사회 통합이 장려되었다(Van Wieringen, 2010; Hooge, 2013; Frissen et al., 2015). 오늘날에는 초·중등교육에서 절반에 가까운 학교 이사회가 학교 하나로 구성되어(〈표 7-1〉) 학교장이 운영 이사와 교장의 역할을 이중으로 수행

---

1   총액 재정 지원은 학교 이사회가 10월 1일 등록학생 수에 입각해 일정액의 자금을 받는 것을 의미한다. 그 금액은 주로 재학생의 인적 구성(학생 수, 연령, 교육 유형)에 의존한다. 또한 초·중등학교는 성과 지향 사업과 교사, 학교 지도자의 전문성 개발을 위한 추가 자금('성과 예산')을 받고, 상급 중등직업학교는 품질 협약을 위한 추가 자금을 받는다(네덜란드 교육문화과학부에서 자료 제공).

표 7-1

2014년 교육 수준별 학교 이사회와 학교 수

	초등교육 (PO)	중등교육 (VO)	상급중등직업교육 (MBO)
학교 수	7,156*	642*	68
학교 이사회 수 학교 이사회가 운영하는 학교의 수	1,115	335	66
1개	491	240	64
2~5개	216	77	2
6~9개	124	11	0
10~19개	201	6	0
20개 이상	83	1	0

주: * 특수초등학교와 (중등)특수학교를 포함함.
자료: 네덜란드 교육문화과학부(MoECS)에서 데이터 제공.

한다. 학교 이사회의 나머지 절반은 학교를 여러 개 운영하며 네덜란드의 대다수 학교와 학생을 책임진다.

학교 거버넌스가 향상되었다

네덜란드의 학교 이사회는 자원 배분, 인사, 건물의 기본 시설, 교과과정과 평가 등에서 폭넓은 자율성을 누린다(OECD, 2011). 최근에 채택된 '좋은 교육, 좋은 거버넌스법 2010'은 교육의 품질에 대한 학교 이사회의 책임을 더욱 확고하게 했다. 교육감독청(Inspectorate of Education, 2015a)에 따르면, 대부분의 학교가 적정하게 운영되고 있으며 학교 이사회와 내부 감독, 직원 참여가 점차 전문화되고 있다. 특히 중등교육을 중심으로 품질 문제가 여럿이거나 장기화되는 학교 이사회의 비율이 줄어들고 있다.

부문별 협회가 국가 수준에서 학교 이사회를 대표한다

네덜란드직업교육·훈련대학협회(MBO-Raad)를 본받아 지난 10년 동안 비슷한 협회가 초·중등교육 부문에서 설립되었는데, 2006년에 설립된 초등교육평의회(PO-raad)와 2007년에 설립된 중등교육평의회(VO-raad)가 그것이다. 이들 협회는 국가 수준에서 학교 이사회를 대표하며 부문 협약이 보여주듯이 정책 결정에 미치는 영향력을 키웠다(6장 참조). 1장의 〈표 1-2〉는 학교 거버넌스 구조에서 여러 이해당사자가 담당하는 역할을 요약한 것이다.

재정적 불안정성

대다수 학교는 재정적으로 양호하다

총액 재정 지원 모델이 1991년 상급중등직업교육에 도입된 데 이어 1995년에는 중등교육에, 2006년에는 초등교육에 도입되었다. 이 모델은 지출을 자체적으로 선택할 수 있는 재량권을 학교 이사회에 부여했다. 이러한 접근은 학교 이사회의 역량에 의존하기 때문에 (Fullan & Levin, 2009; Honig, 2003, 2006) 내부 감독관뿐만 아니라 학교 이

그림 7-1

2012~2015년 특별 재정 감독을 받는 학교 수

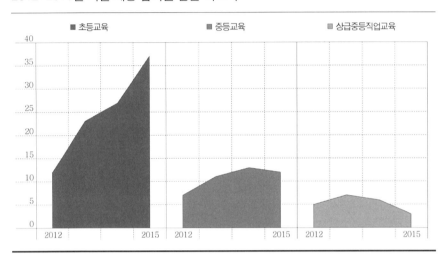

주: 수치는 백분율임.
자료: Inspectorate of Education(2015b).

사회가 점차 전문화한다는 것은 긍정적인 발전이라고 볼 수 있다 (Inspectorate of Education, 2015a). 이는 재정 상태와 교육 품질에 긍정적인 영향을 미친 것으로 보인다.

일부 학교의 취약한 재정이 위험 요인이다

최근 몇 해 동안 학교의 재정 상태는 모든 부문에서 개선되었는데, 이는 부분적으로 2013년 정부기금의 증액 덕분이다(Inspectorate of Education, 2015a, 2015b). 그러나 학교는 재정적으로 여유롭지 않으며 교육감독청의 재정 감독을 받는 초등학교의 수도 상당히 증가했다. 다만 이러한 증가는 부분적으로 교육감독청이 재정 모니터링을 변경한 데 기인한다(〈그림 7-1〉; Inspectorate of Education, 2015b).

학교 이사회의 역량 과제

모든 학교 이사회가 문제 해결 역량을 가진 것은 아니다

학생 수가 줄어들면서 재정 환경이 불안정해지자 일부 학교 이사회는 때때로 교육 품질을 지키기가 어렵게 되었다. 또한 학교 이사회의 연례 보고서에서 위험 요인을 철저하게 분석해야 하는데도 불구하고 지극히 일반적인 보고만 이뤄지는 경우도 빈번하다(Inspectorate of Education, 2015b).

학교 이사회는 취약한 학교를 지원하기 위해 더 노력할 필요가 있다

교육감독청과 기타 기관의 노력도 필요하지만 학교 이사회도 취약한 학교를 지원하는 데 힘쓸 필요가 있다. 한 연구가 폭로한 바에 따르면(Hooge et al., 2015), 성과나 기능이 빈약하다고 알려진 학교와 학교장의 능력이 부족하다고 알려진 학교에서 학교 이사회와 학교 간의 소통이 원활히 이루어지지 않는다는 것이 밝혀졌다. 이것은 거꾸로도 전혀 도움이 되지 않는다.

그러나 학교 이사회의 역량은 천차만별이다

학교 이사회 구성원은 자원봉사자나 전문직 종사자, 학부모, 지방공동체 주민, 종교나 인생관이 같은 단체 회원, 법률·금융·인적 자원·교육 등 특정 분야의 전문 지식을 가진 전문가일 것이다. 특히 작은 학교 이사회에는 교육계 출신의 구성원이 없을 수도 있다. 일부 학교 이사회는 야심찬 성과 요구를 내놓고서 학교에 압력을 가하기도 하고 뒷받침하기도 하지만, 개중에는 품질 목표에 대한 열의가 부족한 학교 이사회도 일부 있다(Nusche et al., 2014).

다수의 학교 이사회는 전략적 개선 문화가 발달하지 않은 상태 이다

OECD의 주요 이해 당사자 인터뷰를 비롯해 여러 출처에 따르면 다수의 학교 이사회는 개선을 추진할 수 있는 역량이 부족하다(Inspectorate of Education, 2015a; Bekkers et al., 2015; Nusche et al., 2014). 연구 결과에 따르면 교육 목표를 이행하기 위해서는 재정·인적자원 전략을 리더십 및 효과적인 관리와 연계해야 하지만 학교 이사회는 흔히 단기적 성과에만 사로잡힐 뿐이다(Robinson, Hohepa & Lloyd, 2009). 게다가 유급 직원과 임시 계약직의 수적 증가는 고급 인력 양성을 어렵게 만들 것이다(5장 참조).

학교 이사회의 전문화를 가속화해야 한다

부문 협약은 이사회 구성원들이 네트워크에 참여함으로써 경

박스 7-1

이사회 리더십 개발 전략, 캐나다 온타리오 주

'온타리오 리더십 전략'의 일환으로 주 내의 각 자치구는 '이사회리더십개발전략(BLDS)'을 발전시키고 시행하기 위해 재정 지원과 기타 지원을 받는다. '온타리오 리더십 전략'의 목표를 반영하는 BLDS의 목표는 ① 리더십 역할을 맡길 적임자 유치하기, ② 학생 성적과 행복에 최대한의 영향을 미치도록 각자의 개인적 리더십 자원을 개발하고 효과적인 리더십 실천을 장려하기, ③ 교육 우선 사항을 이행할 조직의 능력을 강화하기 위해 조직의 리더십 역량과 응집력을 개발하기이다. 교육부가 자치구(즉, 학교 이사회)를 지원하는 방식은 **영향** 평가하기, **고품위의 목표** 설정하기, 최선의 결과를 가져올 **증거 기반의 전략** 시행하기, 그러한 전략의 시행을 **모니터하기** 등이다.

온타리오 학교 이사회(자치구)의 자체 BLDS 시행을 지원하고 기획과 보고를 안내하기 위해 '이사회 리더십 개발전략 매뉴얼'이 개발되었다. 국장, 장학관, 교장, 교감, 감독관, 매니저, 교사 등 교육계에서 일하는 사람들은 이 매뉴얼이 주의 각 자치구에서 리더십 개발을 이해하는 데 도움이 된다는 것을 알 것이다.

자료: Ontario Ministry of Education(2015).

험을 공유하도록 고무한다. 또한 학교 이사회는 광범위한 전문성 개발 기회를 요청할 수 있다. 북아일랜드, 캐나다 온타리오 주, 오스트레일리아 빅토리아 주와 같은 교육 시스템을 본보기로 삼아(OECD, 2013; Pont, Nusche & Moorman, 2008), 네덜란드에서도 중등학교 이사회의 능력 표준에 관한 작업이 시작되었는데, 그러한 역량 구축은 자연스럽게 학교 지도자와 내부 감독관의 역량 구축으로 연결될 것이다(6장과 〈박스 7-1〉 참조).

학교 이사회의 책임성 과제

학교 이사회는 민주적 책임성을 결여하고 있다

학교 이사회의 전문직 이사진은 학교의 내부 감독 평의회에서 임명하지만, 보통의 이사진은 현행 이사진이 공동으로 충원하고 임명한다. 그러므로 네덜란드의 이사회 구성원은 선출직으로 전문직 이사진을 뽑는 잉글랜드(영국), 벨기에 북부, 슬로베니아, 스웨덴 등 다수의 다른 OECD 국가와 다르다(Pont, Nusche & Moorman, 2008; OECD, 2011). 따라서 네덜란드의 학교 이사회는 이들 나라와 비교했을 때 민주적 책임성이 결여되어 있다(Hooge & Honigh, 2014).

내부 감독 기관이 항상 학교 이사회에 책임을 지우는 것은 아니다

내부 감독 평의회가 학교 이사회의 독립적 감시자 역할을 항상 성공적으로 수행하는 것은 아니다. 언론에 대서특필된 사건들에서 드러났듯이 내부 감독 평의회는 때때로 학교 이사회의 부정행위를 제대로 다루지 못하기도 한다(Inspectorate of Education, 2015a; Bekkers et al., 2015). 이에 대응해 교육문화과학부는 '행정권한강화법'(2015)의 입법을 제안했는데, 이 법안에 따르면 내부 감독 평의회는 교육 품질과 관련한 모든 부정행위와 위험 요인을 교육감독청에 보고해야 한다. 이러한 변화는 내부 감독 평의회의 역할과 책임을 명료화해 그 책임성을 확보하는 데 도움이 된다. 학부모와 교직원은 종종 참여평의회 구성원이 되기를 주저하고 학교 이사회도 중요한 결정을 내릴 때마다 항상 참여평의회를 깊이 끌어들이는 것은 아니었는데(Inspectorate of Education, 2015a), 이 법안으로 참여평의회의 권한이 확대된 것이다. 교육문화과학부는 2019년까지 '참여평의회 강화' 프로젝트에 지원하는 등 여러 조치를 통해 초·중등학교의 참여평의회 기능을 강화하려고 한다.

학교 이사진의 실적에 대한 내부 감독 평의회의 평가 업무가 정착되지 못했다

학교 이사회에 전문직 유급 이사가 속해 있다면 내부 감독 평의회는 이사진의 고용주가 된다. 이 경우에 내부 감독 평의회가 전문직의 실적을 정기적으로 평가하는 것이 당연하지만, 실제로 평가가 항상 이루어지는 것은 아니다. 일부 학교 이사회들이 성과가 나쁜 학교보다 좋은 학교 쪽에 더욱 관심을 기울인다는 연구 결과(Hooge et al., 2015)를 감안할 때 이 점은 매우 우려스럽다. 교육감독청은 내부 감독 평의회가 실적 평가를 수행할 역량이 있는지, 그리고 실제로 수행하고 있는지 등의 여부를 모니터해야 한다.

학교 이사진의 표준 능력이 개발되고 있다

협정으로 학교 이사진의 표준 능력이 규정된다면 학교 이사회의 전문화를 유도하는 데 도움이 될 것이다. 따라서 중등교육 수준에서 이 방향으로 실행해야 바람직하다. 또한 이러한 표준은 모든 교육 수준에서 개발되어야 하며 학교 이사회와 내부 감독 평의회는 이를 활용해 이사회를 지도하고 그들의 전문성 개발을 고무해야 한다.

학교 지도자와 학교 이사회 간의 분업이 불분명하다

좋은 거버넌스는 역할과 책임의 명료성에 의존한다(Inspectorate of Education, 2015a; Bekkers et al., 2015). 대부분의 학교 이사회는 학교 지도자가 교육의 지도자이길 기대하지만(83%), 자신을 그렇게 보는 학교 지도자는 절반에 못 미친다(45%)(Hofman et al., 2012). 학교 지도자는 주기적으로 학교 이사회와 참여평의회 사이에 갇히는데, 모두 학교 지도자가 학교의 의사 결정을 이끌어가기를 기대하지만 이 역할이 공식화된 것은 아니다. 6장에서 논의했듯이 학교 이사회 및 참여평의회와 관련해 학교 지도자의 역할을 강화할 필요가 있다. 예를 들어 이사회의 연례 보고서에 모든 학교 지도자들이 공동으로 서명한다면 그들의 역할 강화에 도움이 될 것이다(OECD, 2015; Pont, Nusche & Moorman, 2008).

투명성을 통한 책임성 제고

데이터 접근성을 개선하는 데 상당한 진전이 있었다

학교 이사회의 업무를 대중이 아는 것(투명성)이 적정한 책임성의 전제 조건이다. 이 점에서 네덜란드의 위치는 견고하다. 다양한 온라인 웹사이트(예컨대 www.scholenkeuze.nl, www.1000scholen.nl, www.

scholenopdekaart.nl 등)가 학부모, 학생, 기타 잠재적 사용자에게 학교에 관한 정보를 제공하고 있으며, 이 점에서 회계감사원은 교육문화과학부의 업무가 네덜란드 정부 부처들 가운데 모범 실무라고 인정한 바 있다(General Accounting Office, 2014). 그러나 개선의 여지는 있다(MoECS, 2015; Inspectorate of Education, 2015a; Van Dael & Hooge, 2013). 최근의 연구(GfK, 2015)에 따르면 공유되는 데이터와 정보, 그에 대한 발표가 학부모들의 요구를 항상 충족시키는 것은 아니며 특히 많은 학부모가 학교에 관한 정보를 어디서 찾아야 하는지 잘 모른다(MoECS, 2015). 이에 대응해 교육문화과학부는 웹사이트(www.scholenopdekaart.nl)를 추가 개발해 학부모들을 참여시키고 있으며, 부문 평의회와 협동해 이 사이트의 존재를 학부모들에게 홍보하려고 한다.

일부 내부 감독관과 학교 지도자는 자신의 직무를 제대로 수행하기 위해서는 더 좋은 정보를 더 많이 알아야 한다고 지적했다. 데이터와 정보를 해석하고 활용하는 기량과 경험이 부족한 것도 부분적인 원인이지만(6장 참조), 여러 보고서에 따르면 학교 이사회가 늘 감독관과 지도자에게 사용하기 쉬운 정보만 제공하는 것도 아니다(Blokdijk & Goodijk, 2012; Honingh & Hooge, 2012; Bekkers et al., 2015).

모든 연례 보고서를 온라인에 공개해야 한다

학교 이사회의 연례 보고서는 자원에 관한 정보와 이 자원을 가지고 학교 이사회가 성취한 것들을 함께 담아야 한다. 그러나 부문별 좋은 거버넌스 강령이 연례 보고서의 온라인 공개를 요구하는데도 불구하고, 2014년에 실제로 연례 보고서를 공개한 일반중등학교 이사회는 절반에 불과했으며 초등학교 이사회는 그보다 훨씬 더 적었다(Kersten, 2015; Honingh & Van Genugten, 2014). 네덜란드는 잉글랜드(영국), 뉴질랜드, 빅토리아 주(오스트레일리아)를 본보기로 삼아 연례 보고서 공개를 의무화하는 방안을 검토해야 한다. 왜냐하면 이러한 공개가 공적 책임성을 강화하고 이해당사자들에게 학교 목표와 성취, 자원 사용에 관한 정보를 주기 때문이다(Tooley & Hooks, 2010; OECD, 2013; OECD/ SSAT, 2008).

총액 재정 지원으로 책임성 문제가 더욱 커지고 있다

'총액(lump sum)' 재정 지원 제도하에서 학교 이사회는 중앙정부로부터 공급받는 자금에 대해 완전한 재량권을 가진다. 이러한 접근법은 벨기에 북부, 덴마크, 라트비아 등이 취한 것과 유사하며, 적어도 일정 자금을 특정 목적을 위해 따로 배정하는 일부 다른 국가의 분권화된 교육 시스템과 대조된다(Fazekas, 2012). 이 보고서가 작성된 2016년에 네덜란드는 학교 재정 지원 메커니즘을 바꾸는 대안을 모색했다. 재정 지원(예를 들어 신임 교사 충원과 수학교육 향상을 위해 2013년 총액으로 각 학교에 분배한 1억 5000만 유로)에 관해 중앙정부가 명시한 목표는 자금을 별도 배정한다고 해서 항상 도움을 받는 것은 아니며, 실제로 얼마의 돈이 명시된 목적에 맞게 쓰였는지 보고하는 책임 메커니즘도 항상 도움되는 것은 아니다. 별도 배정은 너무 엄격하거나 행정적으로 부담스러운 접근법이다. 하지만 학교 이사회는 추가 자금을

박스 7-2

학교 이사회 간의 동료 학습: 네덜란드 사례

2012년 9월 초등교육평의회(PO-raad)는 '교육 품질 높이기'라는 주제로 대학 방문 등 많은 활동을 시작했다. 대학 방문의 목적은 학교 이사회의 전문화를 지원하는 것이며, '좋은 거버넌스 강령(Code of Good Governance)'이 그 출발점이다. 대학 방문의 이유는 학교 이사회가 서로의 전문 지식을 이용한다는 데 있다. 그들의 전문성 추구는 체계적 방문을 통해 지식과 경험을 공유하고 올바른 콘텐츠를 준비하도록 탄력을 받는다. 지금까지 24개 학교 이사회가 대학 방문에 참여했는데 초등교육평의회는 이 경험을 바탕으로 초등교육부문 전체를 위해 내실 있는 실용적·지속적 방문을 추진하려고 한다. 2015년 9월 '교사 힘 재단'은 교육 개선을 위해 '매일 조금씩 함께'를 주제로 다음 해를 위한 '교사 힘' 학교 이사회 프로그램을 발표했다. 초등교육 평의회(PO-raad), 중등교육 평의회(VO-raad), 네덜란드 직업교육·훈련대학협회(MBO-Raad)와 협업한 이 프로그램에서 참가자들은 란트스타트, 필립스, 아흐메아, 알베르트 하이엔, 볼닷컴 등과 같은 (대형) 상사를 방문한다. 이들 상사는 지속적인 개선 문화로 유명하다. 또한 참가자들은 자신의 경험을 서로 나누도록 권장받는다. 이 프로그램의 목적은 학교 이사회가 각 학교에서 어떻게 개선 문화를 수립·유지할 것인지 배우고, 이 과정에서 리더십의 역할을 배우는 것이다.

자료: Primary Education Council(2015); Foundation LeerKracht(2015).

어떤 목적에 어떻게 사용했는지를 설명해야 하므로 이는 학교 이사회의 역량 구축을 요청하고, 연례 보고서 공개 등을 통한 학교 이사회의 대내외 투명성 제고를 요구한다(〈박스 5-3〉참조).

'수평적 대화'가 부진한 학교가 많다

좋은 거버넌스 강령은 학교 이사회와 내부 감독 평의회가 모든 수준의 이해 당사자들과 대화를 마련하도록 요구하는데 이것을 '수평적 대화'라고 부른다. 연구 결과는 이러한 대화에 조직의 학습을 촉진하는 잠재력이 있음을 보여준다(Schechter & Mowafaq, 2013; Senge et al., 2012). 이러한 수평적 대화는 서로 신뢰하고 존중하는 분위기에서 진행되어야 하지만(Fullan, Cutress & Kilcher, 2005; Cerna, 2014), 네덜란드에서도 항상 그렇지만은 않다(Frissen et al., 2015; Hooge et al., 2015; Bekkers et al., 2015; Inspectorate of Education, 2015a).

권고 10~11: 학교 이사회의 책임성과 역량을 제고하고 권한을 재조정하라

권고 10: 학교 이사회가 업무를 좀 더 투명하게 처리하고 이의 제기가 가능하도록 활동 내역을 공개함으로써 그 책임성을 대폭 높여야 한다.

책임 메커니즘을 강화해야 한다

민주적 책임성이 결여될 때(예를 들어 학교 시스템이 더 이상 현지에서 선출된 개인에 의해 운영되지 않을 때)는 좀 더 강력하고 투명한 책임 장치에 따라 균형을 유지할 필요가 있다. 학교 이사회의 연례 보고서는 모두 온라인으로 검색할 수 있어야 하며, 자원이 어떤 목적으로 어떻게 사용되었는지 완전하게 기록해야 한다. 또한 중앙정부가 특정 목적을 위해 자금을 지원하는 경우에는 그 재원이 목적에 맞게 사용되었는지 여부를 설명해야 하고 그렇지 않다면 정당한 이유를 대야 한다. 또한 이러한 정당한 이유, 나아가 학교 이사회의 모든 활동에 대해 교육감독청과 내부 감독 평의회가 의미 있는 이의를 제기할 수 있어야 한다.

> **권고 11: 기존 계획에 입각해 학교 이사회의 전략적 리더십 역량을 체계적으로 제고하고 그들의 전문성을 개발하라. 학교 지도자에게 더 많은 권한을 부여함으로써 학교 이사회의 권한을 재조정하라.**

학교 이사회와 내부 감독 평의회는 역량을 제고해야 한다

학교 이사회와 내부 감독관의 전문화에 대한 정책적 관심이 증가한 것은 정당하다. 역량 제고에 활동의 초점을 맞추어야 하며 전국적으로 학교 이사진과 내부감독관 사이의 동료 학습 기회를 모색해야 한다. 또한 학교 이사진의 능력 요건을 (중등교육 수준의 계획에 기초해) 개발해야 하며 이사진에 대한 정기 평가를 의무화해야 한다.

학교 이사회, 학교 지도자 및 교사의 권한을 국가와 지자체 수준에서 재조정해야 한다

대체로 이사회보다는 학교 수준에서 핵심적 조치를 취할 필요가 있다. 이 점을 인식해 학교 지도자가 학교 이사회의 보고서에 공동으로 서명해야 하며 그 초안 작성에도 의미 있게 참여해야 한다. 그렇게 하면 학교 지도자에게 교육 품질에 대한 책임을 더욱 부여할 수 있

을 것이다. 학교 지도자들의 대표 단체〔학교지도자총협회(AVS), 학교지도
자네트워크(NVS)〕와 교사들을 장래의 부문 협약에 포함시킨 것과 같이
국가 수준에서 학교 지도자들에게 좀 더 강한 발언권을 줄 수 있을 것
이다.

미래의 초석, 네덜란드 교육

참고문헌

Bekkers, V. et al. 2015. *Behoordlijk bestuur van onderwijsinstellingen*(Good Governance of Education Institutions). Rotterdam: Erasmus University. www.rijksoverheid.nl]/binaries/rijksoverheid/documenten/rapporten/2015/09/01/behoorlijk-bestuur-van-onderwijsinstellingen/eindrapport-behoorlijk-bestuur.PDF

Blokdijk, T. M. M. and R. Goodijk. 2012. *Toezicht binnen onderwijsinstellingen. Onderzoek naar de samenstelling, werkwijze en functioneren van raden van toezicht in het onderwijs*(Supervision within Educational Institutions: Research on the Composition, Procedures and Functioning of Supervisory Boards in Education). The Hague: National Register.

Cerna L. 2014. "Trust: What it is and why it matters for governance and education." *OECD Education Working Papers*, No. 108. OECD Publishing. http://dx.doi.org/10.1787/5jxswcg0t6wl-en

Fazekas, M. 2012. "School funding formulas: Review of main characteristics." *OECD Education Working Paper*, No. 74. Paris: OECD Publishing. www.oecd.org/officialdocuments/publicdisplaydocumentpdf/?cote=EDU/WKP(2012)11&docLanguage=En

Foundation LeerKracht. 2015. "Wat moeten we van schoolbesturen verwachten?"(What should we expect from school boards?) www.stichting-leerkracht.nl/blog/achtergrond/wat-moeten-we-van-schoolbesturen-verwachten/

Frissen, P. et al. 2015. *Sturing van onderwijskwaliteit in het primair onderwijs. Op zoek naar een balans tussen gedeelde betekenis en kwaliteit. Deelonderzoek 1 'Ongemak van autonomie'*(Steering of Education Quality in Primary Education. In Search of a Balance between Shared Meaning and Quality. Sub Study 1 'Discomfort of Autonomy'). The Hague: Dutch School for Public Governance.

Fullan, M., C. Cutress and A. Kilcher. 2005. "Eight forces for leaders of change." *Journal of Staff Development*, Vol. 26, No. 4, pp. 54~64.

Fullan, M. and B. Levin. 2009. "The fundamentals of whole-system reform: A case study from Canada." *Education Week*, Vol. 28, No. 35, pp. 30~31.

General Accounting Office. 2014. *Trendrapport Open data*(Trend Report Open Data). General Accounting Office. www.rekenkamer.nl/dsresource&type=org

GfK. 2015. "Flitspeiling – Transparantie van objectieve bronnen over kwaliteit scholen"(Flash poll - Transparency of objective sources for quality schools). GfK. www.rijksoverheid.nl/binaries/rijksoverheid/documenten/rapporten/2015/10/26/flitspeiling-transparantie-van-objectieve-bronnen-over-kwaliteit-scholen/edoc-838051-v1-rapportage-flitspeiling-transparantie-van-objectieve-b.pdf

Hofman, R. H. et al. 2012. *Educational governance: strategie, ontwikkeling en effecten*(Educational Governance: Strategy, Developments and Effects). Groningen: GION, Rotterdam: RISBO.

Honig, M. I. 2006. "Complexity and policy implementation: Challenges and opportunities for the field." in M. I. Honig(eds.). 2006. *New Directions in Education Policy Implementation. Confronting Complexity.* Albany: State University of New York Press.

_____. 2003. "Building policy from practice: District central office administrators' roles and capacity for implementing collaborative education policy." *Educational Administration Quarterly*, Vol. 39, No. 3, pp. 292~338.

Honingh, M. and M. van Genugten. 2014. *Monitorstudie Goed Onderwijsbestuur in het VO*(Monitor Study Good Schoolboards in Secondary Education). Nijmegen: Institute for Management Research, Radboud University. www.vo-raad.nl/userfiles/bestanden/Goed%20Bestuur/Monitorstudie-goed-onderwijsbestuur-in-het-vo_radboud-universiteit-nijmegen.pdf

Honingh, M. E. and E. H. Hooge. 2012. *Goed Bestuur in het primair onderwijs; Eindrapportage van de nulmeting Goed Bestuur PO 2010~2012*(Good Governance in Primary Education: Final Report). Utrecht: PO-Raad.

Hooge, E. H. and M. Honigh. 2014. "Are school boards aware of the educational quality of their schools?" *Educational Management Administration & Leadership*, Vol. 42, No. 4S, pp. 139~154.

Hooge, E. H. et al. 2015. *Bestuurlijk vermogen in het primair onderwijs. Mensen verbinden en inhoudelijk op een lijn krijgen om adequaat te sturen op onderwijskwaliteit*(Governance Capacity in Primary Education: Connecting People and Getting Them on One Line for Adequate Steering on Education Quality). Tilburg: TIAS, School for Business and Society, Tilburg University.

Hooge, E. H. 2013."Besturing van autonomie. Over de mythe van bestuurbare onderwijsorganisaties"(Steering of autonomy. About the myth of steerable education organisations). Tilburg: Tilburg University.

Inspectorate of Education. 2015a. *The State of Education in the Netherlands in 2013~14.* Utrecht: Inspectorate of Education. www.onderwijsinspectie.nl/binaries/content/assets/publicaties/2015/08/the-state-of-education-in-the-netherlan

미래의 초석, 네덜란드 교육

ds-2013-2014---printable-version.pdfm

_____. 2015b. *De financiële staat van het onderwijs, 2014*(The Financial Situation of Education, 2014). Utrecht: Inspectorate of Education. www.onderwijsinspectie.nl/binaries/content/assets/nieuwsberichten/2015/de-financiele-situatie-in-het-onderwijs-2014.pdf

Kersten, A. 2015. "Jaarrekening nog vaak niet online"(Annual account still not publicly available online). *Onderwijsblad*, 28 November 2015. www.aob.nl/kixtart/modules/absolutenm/articlefiles/51877-Onderwijsblad_jaarrekeningen%20vaak%20niet%20online.pdf

MoECS. 2015. "Transparantie in het funderend onderwijs. Brief aan de Tweede Kamer"(Transparency in basic education: Letter to parliament). Reference 817875. www.rijksoverheid.nl/binaries/rijksoverheid/documenten/kamerstukken/2015/10/26/kamerbrief-over-transparantie-in-het-onderwijs/kamerbrief-over-transparantie-in-het-onderwijs.pdf

Nusche, D. et al. 2014. *OECD Reviews of Evaluation and Assessment in Education: Netherlands 2014*. OECD Reviews of Evaluation and Assessment in Education. Paris: OECD Publishing. http://dx.doi.org/10.1787/9789264211940-en

OECD. 2015. *Improving Schools in Sweden: An OECD Perspective*. Paris: OECD Publishing. www.oecd.org/edu/school/Improving-Schools-in-Sweden.pdf

_____. 2013. *Synergies for Better Learning: An International Perspective on Evaluation and Assessment*. OECD Reviews of Evaluation and Assessment in Education. Paris: OECD Publishing. http://dx.doi.org/10.1787/9789264190658-en

_____. 2011. "School autonomy and accountability: are they related to student performance?" *PISA in Focus*, No. 9. OECD Publishing. www.oecd.org/pisa/pisaproducts/pisainfocus/48910490.pdf

OECD · SSAT. 2008. *Improving School Leadership, Volume 2: Case Studies on System Leadership*. Paris: OECD Publishing. http://dx.doi.org/10.1787/9789264039551-en

Ontario Ministry of Education. 2015. *Leadership Development*. www.edu.gov.on.ca/eng/policyfunding/leadership/actionPlan.html

Primary Education Council. 2015. *Bestuurlijke visitatie Spiegel voor bestuurlijk handelen*(Governmental Visitations: Mirror for Administrative Action). The Hague: Primary Education Council. www.poraad.nl/files/publicaties/publicaties_pdf/brochure_bestuurlijke_visitatie_spiegel_voor_bestuurlijk_handelen.pdf

Pont, B., D. Nusche and H. Moorman. 2008. *Improving School Leadership, Volume 1: Policy and Practice*. Paris: OECD Publishing. http://dx.doi.org/10.1787/9789264044715-en

Robinson, V., M. Hohepa and C. Lloyd. 2009. *School Leadership* and *Student Outcomes: Identifying What Works and Why Best Evidence Synthesis*. Wellington: New Zealand Ministry of Education.

Schechter, C. and Q. Mowafaq. 2013. "From illusion to reality: Schools as learning organizations." *International Journal of Educational Management*, Vol. 27, No. 5, pp. 505~516.

Senge, P. et al. 2012. *Schools That Learn*. New York: Crown Business.

Tooley, S. and J. Hooks. 2010. "Public accountability: The perceived usefulness of school annual reports." *Australasian Accounting, Business and Finance Journal*, Vol. 4, No. 2, pp. 39~59.

Van Dael, H. and E. Hooge. 2013. *Werkkader 'Sturen op onderwijskwaliteit'* (Working Framework 'Steering for Education Quality'). Utrecht: PO-raad.

Van Twist, M. et al. 2013. "Coping with very weak primary schools: Towards smart interventions in Dutch education policy." *OECD Education Working Papers*, No. 98. OECD Publishing. http://dx.doi.org/10.1787/5k3txnpnhl d7-en

Van Wieringen, F. 2010. "Organisatie van het Onderwijsbestel"(Organisation of the education system). in R. Klarus and F. De Vijlder. 2010. *Wat is goed onderwijs. Bestuur en regelgeving*(What is Good Education: Governance and Regulation). The Hague: Boom Lemma.

부록 1

연구 계획서: OECD의 네덜란드 교육정책 검토

개요

OECD 교육·학력국은 네덜란드 교육 시스템에 대한 검토를 수행할 것이다. 이 검토의 의도는 정책 결정자, 교육자, 기타 이해 당사자들에게 외부의 분석을 제공하는 것이며, 이 분석은 독립적인 관점에서 국제적 비교 시각과 질적 분석을 결합한다.

이 검토는 OECD의 표준 검토 방법론을 사용자에 맞게 변용한 후 수행될 것이며 네덜란드 교육 시스템이 어떻게 기능하고 작동하는지에 대해 새로운 통찰력을 보여줄 것으로 기대된다. 또한 종합적인 분석을 제공하고 네덜란드 교육 시스템의 '스트레스 테스트'로서 기능할 것으로 기대되며, 시스템의 강점과 도전 과제를 식별하고 이 도전에 대처할 잠재력과 추가적 개선의 기회를 식별하는 데 도움이 될 것이다. 이 시스템 검토는 OECD가 지난번 마지막으로 네덜란드 시스템을 검토(1989~1990년)한 이후부터 축적한 관련 데이터와 증거를 바탕으로 하되 기타 간행물도 참고할 것이다.

맥락

네덜란드 교육 시스템은 OECD 회원국 가운데에서도 최고의 성과를 내는 편에 속한다고 간주된다. 2012년 국제학력평가 프로그램(PISA)에서 네덜란드의 수학, 읽기, 과학 성적은 뛰어났으며(다만 수학 성적은 줄곧 하락했다). 2012년 성인기량조사에서도 네덜란드 성인들의 읽고 쓰기 능력은 평균 이상이었다.

　　높은 성과를 내는 다른 교육 시스템과 마찬가지로 문제는 시스템의 성과와 효과성을 더욱 높이기 위해 어디에 어떻게 투자할 것인가이다. 이러한 취지에서 OECD의 네덜란드 교육 시스템 검토는 네덜란드 정부에 강점과 도전 과제를 알리고 시스템을 발전시키기 위한 정책 옵션을 제공할 것이다.

　　'OECD의 네덜란드 교육정책 검토'에 참고할 만한 적합하고 상호 보완적인 보고서와 평가서가 많다는 점을 염두에 두어야 한다.

* 시스템의 국가적 평가: 시스템에 대한 다수의 국가적 평가가 최근에 있었고 앞으로도 있을 텐데, 그중 일부는 이 검토와 동시에 진행될 수 있다.
* 최근에 발간된 국가자문기관의 많은 정책보고서를 분석에 참고할 것이다.
* OECD 보고서와 데이터: ① 네덜란드의 평가와 판단에 관한 최근의 OECD 보고서, ② 국제수학·과학성취도평가(TIMSS), 국제읽기능력평가(PIRLS), 국제학력평가 프로그램(PISA) 결과, ③ '교육정책전망', 특히 네덜란드의 국가 프로필, ④ '네덜란드의 학교 외적 기량 검토' 등의 최근 자료를 참고할 것이다.

주요 질문과 구체적 주제

　　OECD의 네덜란드 교육 시스템 검토는 시스템의 기능을 분석할 뿐 아니라 교육 품질의 보장·제고를 위한 방법과 잠재력 그리고 시스템과 교육 품질의 도전 과제에 대처할 잠재력도 분석할 것이다. 이에 따라 다음 네 개의 기본 질문이 제기된다.

- 네덜란드 교육 시스템은 어떻게 기능하며 강점과 약점은 무엇인가?
- 시스템이 기능하는 원리를 설명할 수 있는 특성은 무엇인가?
- 시스템의 거버넌스와 재원 조달은 교육 품질을 높이기에 효과적이고 적절한가?
- 장래(기회와 도전)에 어떻게 시스템의 성과를 유지할 수 있는가?

이러한 접근 틀 내에서 현재 네덜란드에서 교육에 관한 정치적 공론의 우선순위를 차지하는 주제들에 특별히 주목한다. 이 주제들은 다음과 같다.

- 어떻게 시스템의 품질과 성과를 더욱 높일 수 있으며 어떻게 '양호한 수준'에서 '대단한 수준'으로 전환시킬 수 있는가?
- 어떻게 학습 의욕을 높일 수 있는가?
- 어떤 식으로 교사와 학교 지도자의 자질을 최적화할 수 있는가?
- 거버넌스 시스템은 변화에 대한 자체의 민첩성과 대응력을 높이기 위해 어떤 잠재력을 가지고 있는가?

이 네 가지 주제에 대한 구체적 접근법은 다음과 같다. 각각의 경우에 정책적 투입과 재정 지원이 어떻게 교육적 산출과 성과에 영향을 미치는가에 대한 통찰을 얻도록 접근법을 선택한다.

시스템의 품질과 성과를 높이고 '양호한 수준'에서 '대단한 수준'으로 전환하기

검토의 대상은 다음과 같다.

- 시스템이 품질(효과성), 효율성, 공평성, 접근성이라는 일반적 목적을 실현하는 정도
- 학습 성과와 의욕을 높이는 조기 진로 결정의 기능(종합 교육 시스템과 분류 교육 시스템 사이의 척도에서 시스템이 자리하는 위치)
- 시스템이 효과적인 일상 기능을 (상호 지원과 시너지를 통해) 실현할 때 시스템의 여러 이해당사자 사이의 상호작용과 협동

이 검토는 네덜란드가 어떻게 교육 시스템의 품질과 성과를 높이고 '양호한 수준'에서 '대단한 수준'으로 전환될 수 있는지를 알려줄 것이다. 따라서 급증하는 증거를 원용해 정책 결정자, 교육자, 기타 이해당사자들이 실제로 그 목표를 달성할 수 있는 길을 모색할 것이다.

이 점에서 교육 품질의 보장과 제고가 특별히 타당하다. 국제 비교를 통해 네덜란드의 교육 시스템이 다른 나라 시스템과 비교해 어떤 성과를 내는지 알 수 있다. 이 검토는 이 문제와 유사 문제를 다루면서 네덜란드에 (그리고 다른 나라에) 타당한 교육 품질을 정의하는 데 기여할 것이다.

이 밖에도 교육 품질을 어떻게 모니터하거나 평가하고 보장 및 제공할 것인가에 대해 견해를 피력할 것이다. 또한 이러한 맥락에서 교육감독청의 역할을 언급하고 교육 품질을 모니터할 뿐만 아니라 자

극하기 위해 새로운 형태의 책임성에 특별히 주목할 것이다.

학습 성과·의욕 높이기

이 검토는 네덜란드의 교육 시스템이 학생들을 수용하는 방식을 분석하는데, 특히 시스템이 어떠한 방식으로 학생들의 (개별) 성적 향상을 위해 학습 의욕을 고취하고 지원할 것인가에 초점을 맞출 것이다. 현재 네덜란드는 성적이 낮은 학생들을 수용하는 데는 만족스러운 성과를 내고 있으나 증거를 보면 높은 잠재력을 가진 학생들의 성취도가 낮은 경향이 있다. 네덜란드 교육정책의 제일 중요한 목적은 모든 학생이 각자의 배경이나 재능과 관계없이 잠재력을 완전히 실현하도록 학습 의욕과 도전 의식을 고취하는 것이다.

이러한 중요한 목적에서 직업교육을 활성화하고 종합 교육에 대응하는 직업교육의 위치를 강화하기 위한 현재의 노력은 결정적인 요소이다. 이 검토는 이러한 정책을 고려해 어떻게 학습 의욕을 고취할 것인지, 그리고 어떻게 학생들이 자신의 교육적 성취를 자신의 재능, 잠재력과 일치시키도록 할 것인지를 안내할 것이다. 또한 조기에 진로를 결정하는 학교 시스템이 공정성과 학습 의욕 면에서 어떤 성과를 내는가의 문제에도 주목할 것이다.

교사와 학교 지도자의 자질을 최적화하고 강화하기

이 검토는 시스템 내 교사의 지위를 분석하고, 특히 교사가 스스로 '양호한 수준'에서 '대단한 수준'으로 발전하며 학생에게 동기를 부여하고 헌신하는 혁신의 매개자가 될 수 있도록 만드는 교사의 잠재력에 초점을 맞출 것이다. 그리고 교사가 학생의 필요에 따라 자신의 교습 방법을 차별화할 수 있는 잠재력을 어떻게 더욱 제고할 것인가에 대해서도 지침을 제공할 것이다.

또한 이 검토는 교사의 전문성과 능력의 강화를 겨냥하고 학교가 학습 조직이 되도록 자극하기 위한 정책들의 잠재적 발전을 평가할 것이다. 학교 지도자와 관련해서는 거버넌스와 재원 조달의 양식(중앙 통제 대 학교 자율에 관한 양식)이 변하면서 그들의 시스템 내 지위와 역할이 어떤 영향을 받는지 분석한다. 그리고 유능한 권위자이자 고용주인 학교 이사회의 역할을 논하며 그 지위를 고려할 것이다.

변화 대응력을 제고하기 위해 시스템의 거버넌스와 재원 조달을 강화하기

이 검토는 네덜란드의 교육 시스템을 어떻게 더 지속 가능하게 하고 미래의 도전과 기회에 대비할 것인지 안내할 것이다. 당면한 변화에 대한 시스템의 민첩성과 민감성을 포함해 시스템의 거버넌스와 재원 조달을 강화할 방법에 초점을 맞출 것이다. 이 검토는 '복합적

교육 시스템의 운영'에 관한 OECD의 작업에서 축적된 전문 지식에 의지할 것이며, 거버넌스 메커니즘과 지식 옵션을 창조적으로 사용해 최적화하는 것을 목표로 한다.

또한 네덜란드 특유의 시스템 차원에서의 조종, 즉 개별 기관에 많은 자율성을 부여하는 시스템 차원의 조종으로 야기되는 새로운 리더십 양식을 분석할 것이다. 그리하여 어떻게 하면 이러한 '분리된 조종'을 균형 있게 적용해서 시스템의 잠재적인 수요 민감성을 발전시킬 것인가를 안내할 것이다.

교육문화과학부는 최근 학교 교과과정의 재평가에 (정부가 개시한 공공 토론의 형태로) 착수했는데 여기서 제3의 접근법이 제시되었다. 이 검토는 이러한 재평가를 감안할 것이다.

범위

이 검토의 대상은 초등교육, 중등교육, 직업교육·훈련이다. 고등교육은 검토 대상에서 제외되지만 교사 훈련 기관뿐 아니라 상급중등교육에서 고등교육으로의 진학도 이 검토에 포함될 것이다.

부록 2

네 덜 란 드 의   고 등 교 육 제 도

부록 2 안내

부록 2는 한울엠플러스(주)가 EP-Nuffic과 네덜란드교육진흥원의 승인을 받아 게재한 자료이며 OECD에서 발행한 자료가 아닙니다. 부록 2의 내용에 대한 저작권은 EP-Nuffic과 네덜란드교육진흥원에 있으므로 무단 전재와 복제를 금합니다.

네덜란드의 특징

네덜란드의 특징으로 독창성, 문제 해결 능력, 글로벌 마인드를 꼽을 수 있다. 네덜란드에서 공부한다는 것은 개척자 정신을 가지고 독창성을 발전시켜 세계와 연결될 기회를 계발하는 것이다.

개척자 정신

네덜란드는 일상생활에서 겪는 문제를 창의적으로 해결하려는 개척자 정신을 갖고 있다. 네덜란드인이 바다를 개간해 국토의 많은 부분을 확보했다는 점에서 해수면보다 낮은 환경을 대하는 실용적인 접근 방식을 엿볼 수 있다.

마찬가지로 이런 방식은 교육에도 적용된다. 작은 나라인 네덜란드는 빠르게 국제화되는 환경에서 교육의 국제화를 경쟁의 주요 요소로 생각했다. 또한 네덜란드는 비영어권 국가 중 최초로 대학에서 영어로 수업과정을 개설한 국가다.

창의성

세계 디자인계에서 네덜란드의 역할이 두드러지는데 이는 네덜란드인의 창의 분야에 대한 열정을 잘 보여준다. 네덜란드의 혁신적 사고와 획기적인 디자인은 세계적으로 명성이 높다. 이는 창의성을 중시하는 네덜란드의 교육방식이 한몫한 것으로 볼 수 있다. 학생들은 창의적으로 문제에 접근해 해결하도록 요구받고 있으며, 케이스스터디를 통해 협업하고 지식을 공유하도록 교육받는다.

세계와 연결

작은 국가인 네덜란드는 늘 세계와 주변국에 열려 있다. 다른 국가와 협력하는 것이 네덜란드의 성공의 열쇠다. 네덜란드의 고등교육 기관과 기업은 긴밀하게 연결되어 있으며, 학생들이 국제적인 환경에서 경력을 계발할 수 있도록 실용적 업무를 익히고 인턴십할 기회를 제공한다.

네덜란드 고등교육의 주요 특징

네덜란드 고등교육제도의 품질이 세계적으로 높이 평가받고 있다. 이는 국가의 규제와 감독, 품질 보증제도를 통해 유지된다. 영국 타임스의 세계대학평가 2014~2015에 따르면 네덜란드 연구중심 대학 11곳이 세계 200위권에 랭크되었다. 여러 전공에 걸쳐 2100개 이상의 학위 및 비학위과정이 영어로 개설되어 있다. 이 과정을 이수하면 학사, 석사 또는 박사학위를 취득하거나 수료증을 받을 수 있다.

네덜란드의 교육제도는 상호적이고 학생 중심적이며 팀워크에 중점을 두기에 국제 학생들을 만날 기회가 많다. 네덜란드에서 공부한다는 것은 열린 마음과 국제적 사고를 기른다는 것을 의미한다.

네덜란드 고등교육기관의 교육방식은 개인의 의견 및 신념을 존중하는 데 있다. 이는 네덜란드의 국가적 미덕으로 네덜란드를 더욱 다양하고 다원화된 사회로 만들어준다. 이 교육 방식은 학생에게 집중함과 동시에 학생의 의견과 창의력을 고취시켜 새로운 지식으로 응용할 자유를 제공한다.

네덜란드의 고등교육제도

네덜란드 고등교육기관은 크게 두 가지이다. 먼저 연구중심대학(Research university)은 학술적이고 전문적인 환경에서 독립적이고 연구 지향적인 과제에 중점을 두는 반면, 실무중심대학(University of applied sciences)은 예술과 응용과학 분야에 특정 인력을 양성하는 데 중점을 둔다. 세 번째로 적은 수로 운영 중인 국제교육기관(Institute for International Education)은 국제 학생들을 위해 특별히 고안된 프로그램을 제공한다. 고등교육 기관에 대해 좀 더 개괄적인 정보를 얻고 싶으면 www.studyfinder.nl를 참고하면 된다.

연구중심대학

네덜란드에는 정부의 지원을 받는 14개의 연구중심대학교가 있다. 여기에 3개의 공대, 1개의 농대 그리고 1개의 통신 대학이 있다. 수준 높은 연구력과 학문적 성숙을 지향하는 이 대학들은 전문성 향상에도 중점을 두고 있으며 대다수 졸업생이 학계나 연구소 외부에 취업한다. 이들 대학에 등록된 학생 수는 적게는 6000명에서 많게는 3만 명으로 규모가 다양한 편이다. 연구중심대학에 등록된 총 학생 수는 24만 3000명이다. 좀 더 자세한 정보는 아래 네덜란드 연구중심 대학 연합 웹사이트(www.vsnu.nl)를 참고하면 된다.

실무중심대학

실무중심대학(네덜란드어 hogescholen)은 지식의 실용적인 활용에 초점을 맞춘다. 인턴십을 통해 특정 직업의 전문성을 기르는 교육과정을 제공한다. 네덜란드에는 정부의 지원을 받는 39개의 실무중심대학이 있는데 이 중 가장 큰 규모의 대학은 등록학생 수가 3만 명에서 4만 5000명에 이른다. 실무중심대학에 등록한 총 학생 수는 44만 명이다. 좀 더 자세한 정보는 아래 네덜란드 실무중심대학 연합 웹사이트(www.vereniginghogescholen.nl)에 나와 있다.

국제교육기관

네덜란드는 지난 50년간 'International Education(IE)'이란 이름으로 국제 학생들을 위한 국제 교육프로그램을 제공해왔다. 국제 프로그램은 개발도상국가 출신의 전문인력 학생들을 위해 고안된 영어 학위 과정으로 시작했으며, 대부분의 국제교육기관들은 연구중심대학 소속이고 개발도상국과 관련된 교육과정에 집중한다. 좀 더 자세한 정보는 Platform for International Education 웹사이트(www.pieonline.nl)를 참고하길 바란다.

교육과정의 종류

네덜란드 대학들은 다양한 전공분야의 방대한 교육과정을 제공한다. 학위 과정, 단기 과정, 썸머코스, 트레이닝 모듈 등을 선택할 수 있다. 교육과정 종류에 대한 개괄정보는 www.nesokorea.org/study-options에 게재되어 있다.

주요 학위

학사

연구중심대학의 학사학위 과정을 마치기 위해서 3년간 ECTS 180 학점을 따야 하며, 전공에 따라 문학사(Bachelor of Arts, BA)나 이학사(Bachelor of Sciences, BSc)를 취득하게 된다. 실무중심대학의 경우 학사학위는 4년간 ECTS 240학점을 따야 하며 해당 전공에 따른 학위, 예를 들면 공학사(Bachelor of Engineering, B Eng)를 취득하게 된다. 학사학위는 미래 경력에 대한 기반을 제공한다. 본인이 희망하는 경우에는 학사학위를 취득한 다음에 석사과정으로 진학이 가능하다.

석사

전공의 심화도에 따라 연구중심대학, 실무중심대학, 국제교육기관의 석사 학위 과정 연한은 1~2년 또는 3년이다. (ECTS 60~180 학점 취득) 공학, 농학, 수학과 자연과학 석사과정은 ECTS 120학점이 요구되며, 연구중심대학 석사과정을 졸업하면 문학 석사(Master of Arts, MA)나 이학 석사(Master of Science, MSc) 학위를 수여한다. 실무중심대학을 나오면 전공에 따른 학위를 받으며 건축학 석사(Master of Architecture, M Arch) 등이다.

박사

4년이 소요되는 박사학위 과정은 연구중심대학에서만 이수가 가능하며 독창적 연구에 근거한 박사학위 논문을 제출해야 한다. 오직 연구중심대학만 박사학위를 수여할 수 있지만 다른 연구기관들도 연구중심대학과 긴밀히 연구협력하고 있으며 박사 후보생들에게 연구원 포지션을 제공할 수 있다.

박사학위와 더불어 3개 공대가 디자인과 기술 디자인 프로그램을 제공한다. 이 과정은 심화 교육과정과 개별 프로젝트로 구성된다. 기술 디자인 프로그램은 2년 과정이다. 이 과정을 이수하면 공학 전문박사(Professional Doctorate in Engineering, PDEng)를 수여한다.

네덜란드에서 박사학위 취득 희망자와 연구원을 위한 모든 실용적인 정보는 www.euraxess.nl에서 찾아볼 수 있다.

네덜란드 대학(원) 입학 요건

지원자는 제일 먼저 진학을 희망하는 고등교육기관의 입학요건에 대해 해당 기관(개별 대학)에 직접 문의해야 한다. 일반적인 입학 요건은 다음과 같다. 학사학위 지원자는 적절한 수준의 고등학교 졸업장을 가지고 있어야 하며 전공 관련 과목의 성적이 우수해야 한다. 석사 학위 지원자는 학사학위나 이와 동등한 자격을 소지해야 한다. 특정 인기 학과의 경우 한정된 인원만 모집한다. 네덜란드 대학(원)에 지원하려면 영어 말하기, 읽기, 쓰기 능력이 필수이고 공인 영어성적을 제출해야 한다. 대부분의 고등교육기관이 IELTS와 TOEFL 점수를 인정하지만 기관에 따라 다른 종류의 공인영어성적을 받아주기도 한다. TOEFL 성적은 550(PBT), 213(CBT), 그리고 80(IBT)점이 요구되며 IELTS의 경우 최소 6점이 요구된다. 좀 더 자세한 내용을 알고 싶으면 다음의 사이트를 참고하면 된다.

www.nesokorea.org/study-options/admission-requirements

학력 및 학위인증

네덜란드 고등교육기관은 학생이 입학원서를 제출하면 지원자의 학력이 네덜란드 교육과정과 비교해 어느 수준에 해당하는지 검증단계를 거칠 수 있다. 네덜란드 기관은 이를 위해 네덜란드의 교육부문 국제 협력기관인 EP-Nuffic을 통해 학력평가 서비스를 받을 수 있다. EP-Nuffic은 특정 국가의 교육제도 전문가를 보유하고 있으며 지원자의 학위를 네덜란드 학위와 비교한다. 비교가 어려운 경우 그와 비슷한 교육수준을 명시해준다. 이때 수강 과목과 모듈, 학업분량, 학업수준 등을 감안해 평가한다. 학력 및 학위인증에 관한 자세한 정보는 www.epnuffic.nl/en/diploma-recognition를 참고할 수 있다.

네덜란드 고등교육 정보와 수치

네덜란드 고등교육의 국제화 관련 주요 수치(2012~2013년)

고등교육

- 13개 연구중심대학 등록학생 수: 23만 9755명 (통신대학 제외)
- 39개 실무중심대학 등록학생 수: 42만 1136명
- 총 등록학생 수: 66만 891명

외국인 학생 수치*

- EU 및 EFTA[1]등록학생 수: 4만 3500명
- 비EU지역 및 EFTA[1]등록학생 수: 2만 350명
- 에라스무스 프로그램이나 인턴십 (체류 허가증 소지) 등록학생 수: 9600명
- 기타 학위 및 학점 교류 등록학생 수*[2]: 1만 7050명

제5대 국가별 학생 수

1. 독일: 2만 6050명**
2. 중국: 6400명**
3. 벨기에: 2900명**
4. 스페인: 2450명**

5. 프랑스: 2300명**

학위 과정별 등록 외국인 학생 비율

연구중심대학: 50%
- 51%: 학사 학위 과정
- 49%: 석사 학위 과정

실무중심대학: 51%
- 96%: 학사 학위 과정
- 4%: 석사 학위 과정

네덜란드는 여러 학문에서 선두주자이며 세계적으로 명성이 높은 분야는 다음과 같다

- 경영학
- 농업과학
- 약학
- 토목공학
- 원격탐사
- 예술과 건축

* 근사치
** 최소 수치
1. EFTA: 아이슬란드, 노르웨이, 리히텐슈타인, 스위스
2. 학위교류: 이수하던 학위 과정을 해외에서 마치는 것
학점교류: 해외에서 학점을 따되 학위는 자국에서 마치는 것

위 통계는 근사치로, 등록학생 수의 경우 정부의 지원을 받는 학위 과정에 등록한 학생의 수를 의미한다. 보다 자세한 내용은 EP-Nuffic(www.epnuffic.nl)에서 확인할 수 있다.

유용한 웹사이트

생활 관련

CBS
네덜란드 통계청 웹사이트
www.cbs.nl/en-GB

Expatica
네덜란드 내 인터내셔널 커뮤니티 소식 및 정보 게재
www.expatica.com/nl

Facebook
네덜란드 유학 정보와 경험을 나눌 수 있는 페이스북 페이지
www.facebook.com/studyinholland

Holland Handbook
네덜란드 생활과 취업에 대한 정보 제공
www.xpat.nl

Ministry of Foreign Affairs
네덜란드 외무부 웹사이트로 전 세계 네덜란드 대사관의 주소 수록
www.government.nl/ministries/ministry-of-foreign-affairs

NBTC
네덜란드 관광청 웹사이트. 네덜란드 지도 등 여행 정보 안내
www.holland.com

Twitter
트위터: @studyinholland

YouTube
네덜란드 대학과 유학생들이 올린 동영상 제공
www.youtube.com/studyinholland

학업 관련

Academictransfer
네덜란드 내 PhD, 연구원 및 강사 채용 정
보 사이트
www.academictransfer.com

Code of Conduct Higher Education
행동강령에 동의한 네덜란드 고등교육기
관 리스트 수록
www.internationalstudy.nl/en/

Dienst Uitvoering Onderwijs (DUO)
학비 보조금 관련 정보
https://duo.nl/particulier/international-s
tudent/

EP-Nuffic
네덜란드의 교육부문 국제협력기관
EP-Nuffic의 홈페이지
www.ep-nuffic.nl

Grantfinder
네덜란드 유학 장학금 검색
www.grantfinder.nl

Ministry of Education, Culture and Science
네덜란드 교육문화과학부 홈페이지
www.government.nl/ministries/ocw

NVAO
네덜란드어-플랑드르어권 학위 인증 기관
www.nvao.net

PIE
국제교육기관(IE)을 위한 플랫폼
www.pieonline.nl

Studyfinder
네덜란드 대학 내 영어로 개설된 2100여
개의 전공 및 단기과정 검색 엔진
www.studyfinder.nl

Study in Holland
네덜란드 유학에 대한 모든 정보
www.studyinholland.nl

Vereniging hogescholen
네덜란드 실무중심대학교 연합
www.vereniginghogescholen.nl

VSNU
네덜란드 연구중심대학교 연합
www.vsnu.nl

실용 정보

IND
네덜란드 이민국(Immigration and
Naturalization Service) 웹사이트
www.ind.nl

Learn Dutch
네덜란드어를 배울 수 있는 웹사이트
www.learndutch.org

Twitter
네덜란드교육진흥원 트위터
twitter.com/nesokorea

Preparing your stay
유학을 위해 필요한 비자, 체류 허가, 보험,
숙소, 학위 평가 등에 대한 정보 제공
www.studyinholland.nl/practical-matters

Naver
네덜란드교육진흥원 네이버 블로그
blog.naver.com/nesokorea

국제 학생 네트워크 및 행사

AIESEC
국제 학생 기구 웹사이트
www.aiesec.nl

ESN
네덜란드의 에라스무스 학생 네트워크
www.esn-nl.org

Holland Alumni Network
네덜란드 유학을 마친 후 귀국해 학업을
계속 하거나, 타국에서 구직활동을 할 때
유용한 웹사이트
www.hollandalumni.nl

Neso Korea
네덜란드교육진흥원의 웹사이트
www.nesokorea.org

Facebook
네덜란드교육진흥원 페이스북 페이지
www.facebook.com/nesokorea1

용어정리(알파벳순)

CITO TEST ㅣ 초등학교 졸업 시험 Centraal Instituut voor

Toetsontwikkeling TEST

ECEC ㅣ 조기아동교육·돌봄 Early Childhood Education and Care

GGD ㅣ 지방자치단체 보건소 Gemeentelijke Gezondheidsdienst

HAVO ㅣ 일반중등교육 Hoger Algemeen Voortgezetonderwijs

HBO ㅣ 전문직 고등교육 Hoger Beroeps Onderwijs

IALS ㅣ 국제성인문해력조사 International Adult Literacy Survey

MBO ㅣ 상급중등직업교육 Middelbaar Beroepsonderwijs

MoECS ㅣ 교육문화과학부 Ministry of Education, Culture and Science

NEET ㅣ 니트 Not in Education, Employment or Training

PIAAC ㅣ 국제성인역량평가 프로그램 Programme for the International

Assessment of Adult Competencies

PIRLS ㅣ 국제읽기능력평가 Progress in International Reading Literacy

Study

PISA ｜ 국제학력평가 프로그램 Programme for International Student Assessment

PO ｜ 초등교육 Primair Onderwijs

TALIS ｜ 교수·학습국제조사 Teaching and Learning International Survey

TIMSS ｜ 국제수학·과학성취도평가 Trends in International Mathematics and Science Study

VMBO ｜ 예비직업중등교육 Voorbereidend Middelbaar Beroepsonderwijs

VMBO-b ｜ 기본직업 프로그램 Basisberoepsgerichte leerweg

VMBO-g ｜ 혼합 프로그램 Gemengde leerweg

VMBO-k ｜ 중간관리직업 프로그램 Kaderberoepsgerichte leerweg

VMBO-t ｜ 이론 프로그램 Theoretische leerweg

VO ｜ 중등교육 Voortgezet Onderwijs

VVE ｜ 유아 및 초등 저학년 교육 Voor- en Vroegschoolse Educatie

VWO ｜ 예비대학교교육 Voorbereidend Wetenschappelijk Onderwijs

WO ｜ 연구중심고등교육 Wetenschappelijk Onderwijs

찾아보기

지은이 OECD(경제협력개발기구)

OECD는 각국 정부가 모여 세계화에 따른 경제적·사회적·환경적 도전에 대처하기 위해 협력하는 독특한 포럼이다. 또한 OECD는 기업 거버넌스, 정보화 경제, 인구 고령화 문제 등과 같이 새로운 전개와 관심사에 대해 이해하고 각국 정부의 대응을 돕는 활동에 앞장서고 있다. OECD는 각국 정부가 정책을 비교하고 공동의 문제에 대한 해답을 찾으며 모범적 실무를 발견하고 대내외 정책조정 작업을 수행할 수 있는 장을 제공한다.

OECD 회원국은 오스트레일리아, 오스트리아, 벨기에, 캐나다, 칠레, 체코, 덴마크, 에스토니아, 핀란드, 프랑스, 독일, 그리스, 헝가리, 아이슬란드, 아일랜드, 이스라엘, 이탈리아, 일본, 한국, 룩셈부르크, 멕시코, 네덜란드, 뉴질랜드, 노르웨이, 폴란드, 포르투갈, 슬로바키아, 슬로베니아, 스페인, 스웨덴, 스위스, 터키, 영국 및 미국이다(총 34개국). 유럽연합(EU)은 OECD 활동에 참여한다.

OECD 출판국은 회원국들이 합의한 규약, 지침 및 표준뿐 아니라 경제적·사회적·환경적 이슈에 관한 통계수집 및 연구 결과를 널리 전파한다.

옮긴이 박동철(박안토니오)

서울대학교 국제경제학과를 졸업하고, 한국외국어대학교 외국어연수원을 수료했으며, 미국 오하이오 대학교에서 경제학 석사학위를 받았다. 주EU대표부 일등서기관, 이스라엘 및 파키스탄 주재 참사관을 지냈으며, 현재는 정보평론연구소를 운영하면서 연구와 집필 활동에 매진하고 있다. 옮긴 책으로는『글로벌 트렌드 2025: 변모된 세계』,『합동작전환경 평가보고서』,『중국과 인도의 전략적 부상』,『정보 분석의 혁신』,『글로벌 거버넌스 2025: 중대한 기로』,『포스너가 본 신자유주의의 위기』,『글로벌 트렌드 2030: 선택적 세계』,『창조산업: 이론과 실무』,『글로벌 트렌드 2035: 진보의 역설』등이 있다.

미래의 초석, 네덜란드 교육

OECD가 분석한 네덜란드 교육정책의 강점과 개선 방안

한울아카데미 1969

지은이 **OECD(경제협력개발기구)** Ⅰ 옮긴이 **박동철(박안토니오)**
펴낸이 **김종수** Ⅰ 펴낸곳 **한울엠플러스(주)** Ⅰ 편집 **허유진·김다정**

초판 1쇄 인쇄 **2017년 3월 6일**   초판 1쇄 발행 **2017년 3월 20일**

주소 **10881 경기도 파주시 광인사길 153 한울시소빌딩 3층**
전화 **031-955-0655** Ⅰ 팩스 **031-955-0656** Ⅰ 홈페이지 **www.hanulmplus.kr**
등록번호 **제406-2015-000143호**

Printed in Korea.
ISBN 978-89-460-5969-6   93370
* 책값은 겉표지에 표시되어 있습니다.